20,–

Kleider machen Beute

Deutsche Altkleider vernichten afrikanische Arbeitsplätze

eine Studie
von Friedel Hütz-Adams

Herausgeber: SÜDWIND e.V.
Lindenstraße 58–60, 53721 Siegburg

Autor: Friedel Hütz-Adams

Fotos: Friedel Hütz-Adams, medusa-film (Franziska Strobusch/Boris Terpinc), Kerstin Stahlhut/Martin Egouli

Titelfoto: medusa-film

Titelgrafik: Frank Zander

Layout & Satz: Frank Zander
Mondorferstr. 19, 53844 Troisdorf

Druck: Knotenpunkt
Beller Weg 6, 56290 Buch (Hunsrück)

Innenteil gedruckt auf original Umweltpapier, Umschlag auf chlorfrei gebleichtem Karton

Erscheinungsdatum: September 1995 Zweite Auflage, Juni 1996

ISBN: 3-929704-07-2

INHALT

DIE JOHANNITER
Wurfsendung
Kommerzielle Gebrauchtkleider Abholur
mit Sondersammlung
JOHANNITER UNFALL-HILFE
FRIEDENSDORF INTERNATIONAL
WIR SAMMELN ALTE KLEIDUNG
+ BETTWÄSCHE
Federbetten • Wäsche • Schuhe (paarweise geb
kommerzielle Gebrauchtkleider-Sammlung
JS
ALTKLEIDER-ABHOLUNG
Es wird kommerziell abgeholt: Bekleidung, Wäsche, Schuhe, Strickwaren von Kindern und Erwachsenen, Wolldecken, Bettwäsche, Filzhüte sowie Textilien aller Art. Die Textilien brauchen weder gewaschen noch gereinigt werden. Keine Textilabfälle.
8.30 Uhr
aktion hoffnung
– Hilfe für die Dritte Welt –
ALTKLEIDER SAMMLUNG
ERTEILT
St.-Martins-Kleider-Sammlung
Es wird kommerziell abge.
Bekleidung, Wäsche, Strickwa
rwachsenen, Wolldecken, Bet
chuhe und gut erhaltene Spiels

1. Undurchsichtiger deutscher Altkleidermarkt

1.1 Einleitung: Altkleidersammlungen – Wo liegt hier ein Problem?

Die meisten Spender und Spenderinnen von Altkleidern haben die Vorstellung, ihre Kleidung käme Bedürftigen zugute. Vor allem diejenigen, die ihre Spende bewußt an karitative Organisationen weitergeben, wollen oftmals direkt ärmeren Menschen helfen. Doch dieser in früheren Zeiten vorherrschende Aspekt der Hilfe von Bedürftigen durch die Weitergabe von Altkleidern spielt heutzutage bei den meisten karitativen Organisationen nur noch eine untergeordnete Rolle. Eigentlicher Anreiz der Sammlungen sind mittlerweile finanzielle Motive: Die karitativen Organisationen verkaufen die Ware komplett oder den Teil, den sie nicht benötigen, an kommerzielle Handels- und Sortierunternehmen. Das Sammeln dient ganz wesentlich der Beschaffung von finanziellen Mitteln. Das hat erst einmal kaum etwas mit dem Vorhaben der SpenderInnen zu tun, die mit ihren Kleidern Bedürftigen helfen wollen. Bei den nicht karitativ orientierten, den kommerziellen Unternehmen ist die Frage nach der Motivation noch einfacher zu beantworten: Auf dem Altkleidermarkt läßt sich Geld verdienen.

Inzwischen hängen Existenzen vom Altkleidergeschäft ab. Die karitativen Organisationen schaffen Arbeitsplätze mit den Erlösen aus dem Altkleidergeschäft. Neben den Angestellten, die die Sammlungen leiten, haben einige (wenige) Organisationen noch eigene Sortieranlagen. Wieder andere betreiben Kleiderkammern oder Second-Hand-Läden. Etliche Organisationen stellen mit den Gewinnen des Handels Angestellte für ihren sozialen Dienst oder Beauftragte für Entwicklungshilfefragen ein und finanzieren deren Aufwendungen für Sachmittel. Die kommerziellen Unternehmer heuern oft Personal für die Sammlungen an. Das anschließende Sortieren der Ware geht per Hand vor sich und ist damit ebenfalls personalintensiv. Auch die boomende Second-Hand-Branche könnte ohne die umfangreichen Altkleidersammlungen nicht in dem Maße existieren, wie es sie heute gibt.

Lange wurde diese Entwicklung von vielen karitativen Verbänden nicht als Problem erkannt. Sie erhielten aus dem Verkauf der von ihnen oder in ihrem Auftrag gesammelten Altkleider Einnahmen, die sie für ihre karitative Arbeit verwenden konnten. KritikerInnen merkten dagegen schon seit Jahren an, es sei möglich, daß der Handel mit Altkleidern mehr schade als nütze: Die Altkleider würden vor allem in vielen afrikanischen Staaten zu Preisen verkauft, die zwar unter den Preisen der einheimischen Produkte lägen, doch andererseits zu hoch seien, als daß die wirklich Armen sich diese Kleider leisten könnten. Die Folgen seien fatal: Die einheimischen Textil- und Bekleidungsindustrien könnten nicht gegen die Importe konkurrieren und würden in den Ruin getrieben. Dadurch gingen tausende Arbeitsplätze verloren – und dies sei keinesfalls das, was die SpenderInnen der Altkleider wollten. Nach vereinzelten kritischen Stimmen ab Mitte der achtziger Jahre[1] kam es 1994 nach Veröffentlichung der SÜDWIND-Studie »Der Deutschen alte Kleider« zu einer ganzen Welle von Pressemeldungen über den Altkleiderhandel.

Altkleider als eine weitere Form der zerstörenden »Hilfe«? Die vorliegende Studie sammelt Argumente, die für eine solche Einschätzung sprechen und berücksichtigt einige der an der ersten Studie geäußerten Kritikpunkte. Nach einer Zusammenfassung der Geschichte des deutschen Marktes und vor allem der Entwicklung der Exporte folgt ein ausführliches Kapitel über die Empfängerstaaten der »Hilfe« auf dem afrikanischen Kontinent. Es werden neue Daten über die gesetzlichen Rahmenbedingungen der Exporte, Möglichkeiten des Recycling der Altkleider sowie eine Zusammenfassung der Diskussionen zwischen SÜDWIND und den Beteiligten am Altkleidermarkt zugänglich gemacht.

Auf die Zeit der Diskussionen am grünen Tisch folgen inzwischen erste Handlungen – und weitergehende Konsequenzen müssen gezogen und umgesetzt werden. Diese (An-)Forderungen an alle Beteiligten – Spendern und Spenderinnen der Altkleider, den sammelnden Organisationen, Kommunal-, Landes- und BundespolitikerInnen, Industrie und Handel – wurden in einem abschließenden Katalog dringend notwendiger Schritte zusammengestellt.

---

[1] Als Beispiele seien hier genannt: Hopfinger 1985; Erklärung von Bern 1986; Bruchhaus 1988; Die Journalistin Christa Wichterich in verschiedenen deutschsprachigen Zeitungen 1990; Schulz 1992.

1.2 Lange Tradition des Altkleidersammelns

Das Sammeln und Recyceln von Altkleidern ist ein uralter Wirtschaftszweig. »Denn bereits im alten China gewann man durch das Verfilzen der Alttextilien Papier. Bis zur Mitte des 19. Jahrhunderts waren Lumpen die einzigen Rohstoffe für die Papierherstellung, bis diese schließlich von Holzschliff und Zellulose verdrängt wurden; der Lumpenhändler war zu dieser Zeit eine angesehene Persönlichkeit.« *(Rosenkranz/Castello 1993, 272.)*

Auch in Deutschland werden Altkleider seit Jahrhunderten gesammelt. Neben der Papierherstellung können die Fasern und guterhaltene Gewebe auch wieder zur Bekleidungsherstellung genutzt werden: Wollgewebe lassen sich zerpflücken und neu verspinnen, Leder ist sehr haltbar und damit wiederverwendbar, Stoffstücke können zu Flickenmustern verarbeitet werden ...

Bis zum Beginn der sechziger Jahre bestimmten kleinere Sammelfirmen und Händler den deutschen Altkleidermarkt. Doch dann kam es zu einem massiven Preisverfall im Geschäft mit Alttextilien: Die Reißspinnstoffindustrie stellte ihre Produktion teilweise auf Industriewatte und Polsterwolle um und benötigte daher weniger Altkleider als Rohstoff, in der Textilproduktion wurden zunehmend synthesehaltige Mischgewebe verwandt, die nur unter Schwierigkeiten wiederverwertbar sind, und die Rohwollpreise verfielen, was den Anreiz des Recycling von Altkleidern minderte.

Der Konkurs vieler Sammelbetriebe führte zu einem geringeren Sammelaufkommen und folglich zu einem Wiederanstieg der Preise. Hier erst, Mitte der sechziger Jahre, stiegen karitative Unternehmen im größeren Umfang in das Geschäft ein. Da bei ihnen aufgrund der freiwilligen Leistungen von Gemeinde- und Vereinsmitgliedern ein Großteil der sonst bei den personalintensiven Sammlungen und dem anschließenden Aussortieren anfallenden Kosten entfielen, beherrschten sie binnen kurzer Zeit den Markt. Bald waren die karitativen Organisationen, allen voran das Deutsche Rote Kreuz, mit der Verwertung der gesammelten Kleidung überfordert. Daher schloß man Kooperationsverträge mit kommerziellen Unternehmen (Helmstädter 1981, 121–123). Die enge Verflechtung von kommerziellen und karitativen Unternehmen, die bis zur Ununterscheidbarkeit ging, begann Ende der sechziger Jahre.

Der Weg der Kleider:

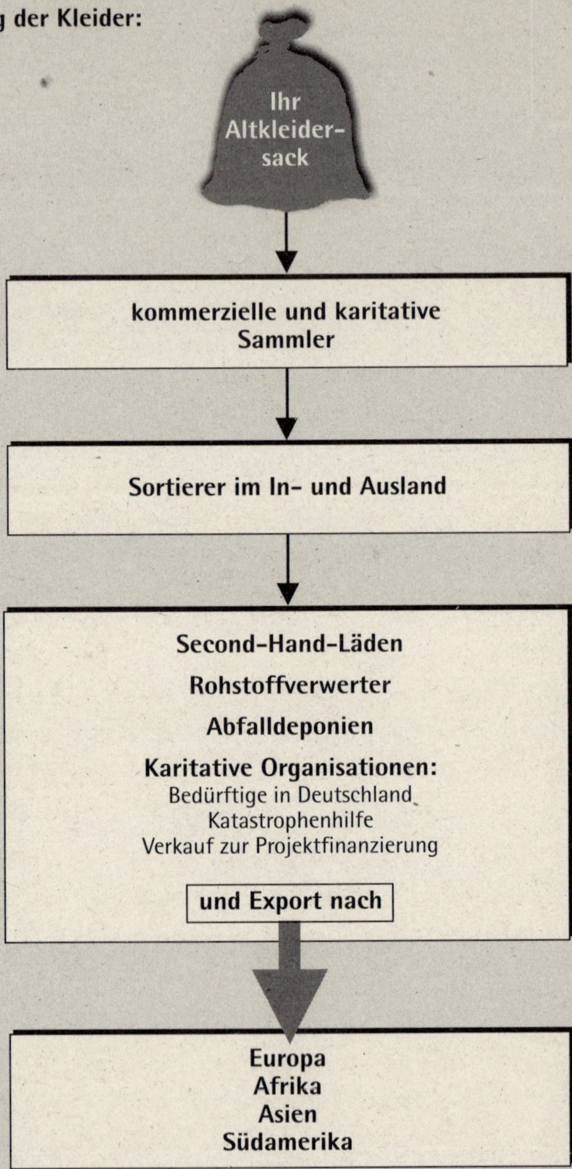

Der Markt ist sehr vielschichtig. Es gibt:

- kommerzielle Sammler, die die Gewinne in die eigene Tasche stecken,
- kommerzielle Sammler, die einen Teil ihrer Gewinne spenden,
- kommerzielle Sammler, die als Subunternehmer für karitative Organisationen sammeln und mit Geld und/oder einem Teil der Altkleider entlohnt werden,
- kommerzielle Sammler, die gegen eine Mietgebühr unter dem Namen einer karitativen Organisation Sammlungen abhalten dürfen oder Container aufstellen,
- karitative Sammler, die die Altkleider an den Meistbietenden verkaufen und mit den Erlösen ihre Arbeit finanzieren,
- karitative Sammler, die Altkleider in Deutschland selbst in Second-Hand-Läden verkaufen und damit Projekte in Deutschland finanzieren,
- karitative Sammler, die Altkleider in Deutschland selbst in Second-Hand-Läden verkaufen und damit Projekte in der Zweidrittelwelt finanzieren,
- karitative Sammler, die die Altkleider zur Nothilfe verwenden,
- karitative Sammler, die Altkleider an von ihnen aufgebaute oder kontrollierte Projekte in der Zweidrittelwelt weitergeben.

Dieser Katalog ließe sich noch weiter ausdifferenzieren. Kaum einer der Sammler dürfte ausschließlich in eine der Kategorien hineinpassen!

1.3 Deutschland: Weltmeister im Pro-Kopf-Konsum von neuen Kleidern

Der zunehmende Wohlstand führte zu einem rapiden Anstieg des Sammelaufkommens. Während die Bundesrepublik in den ersten Nachkriegsjahren noch selber ein Importeur von Altkleidern war – die oftmals als Arbeitskleidung genutzt wurden –, stieg mit wachsendem Wohlstand der Verbrauch an Neukleidern drastisch an.

Pro Kopf Verbrauch von textilen Rohstoffen
Ausgewählte Länder (Stand 1990)

Land	Verbrauch in Kilogramm
Bundesrepublik Deutschland	26,1
Irland	26,1
USA	26,0
Schweiz	21,4
Großbritannien	19,2
Italien	18,1
Österreich	17,2
Griechenland	17,1
Frankreich	16,9
UDSSR	15,4
Belgien/Luxemburg	12,4
Jugoslawien	12,4
Brasilien	7,0
Republik Südafrika	6,9
Mexiko	6,2
Lybien	5,8
Ägypten	5,2
Togo	4,6
Simbabwe	2,5
Kenia	1,4
Nigeria	1,0
Tansania	0,6
Kamerun	0,5

Quelle: Gesamttextil (Hg) 1994: Jahrbuch der Textilindustrie 1994, S. 59–60 (Auszug aus der Gesamttabelle)

Dieser Neukauf wird durch die Altkleidersammlungen gestützt. KäuferInnen neuer Kleidung haben oft den Eindruck, daß mit dem Neukauf ein karitativer Nebeneffekt eintritt: Der eigene Konsum schafft die Möglichkeit, Kleidung abzugeben und damit – so die gängige Vorstellung – Bedürftigen zu helfen.

Inzwischen zählen die Deutschen mit einem jährlichen Pro-Kopf-Verbrauch von 26 Kilogramm Textilfasern mit zu den weltweiten Spitzenreitern. Dieser Verbrauch wird allen Prognosen nach noch weiter steigen. Wie hoch diese

Zahl im Vergleich zu den Werten anderer Staaten ist, zeigt eine Statistik, die auf den Daten des Jahres 1990 basiert. Demnach verbrauchten die Bundesdeutschen pro Kopf 26,1 Kilogramm textile Rohstoffe (Chemiefasern, Wolle, Baumwolle und Leinen). Der weltweite Durchschnittsverbrauch lag 1990 bei 8,1 Kilogramm. Vielen AfrikanerInnen standen weniger als 4 Kilogramm zur Verfügung, einigen Staaten sogar weniger als 1 Kilogramm pro Kopf der Bevölkerung. Doch auch in vielen Industrienationen – etwa Frankreich mit 16,9 und Italien mit 18,1 Kilogramm pro Kopf – war der Verbrauch deutlich niedriger als in Westdeutschland.

Nur die USA (26,0 kg) und Irland (26,1 kg) konsumierten ähnliche Fasermengen wie die Bundesdeutschen (Gesamttextil 1994).

Die Angaben umfassen neben Kleidung auch Handtücher, Gardinen, Bettbezüge, Teppichböden, Polsterstoffe, Industrietextilien etc.. Wie hoch der Anteil der Bekleidung am Gesamtverbrauch ist, steht nicht genau fest. Einige Schätzungen gehen von 9, andere von deutlich über 10 Kilogramm aus *(RR 15/1993, 566; Cognis 1993, 51.)*. Eine schweizer Studie spricht sogar von einem Pro-Kopf-Verbrauch von bis zu 16 Kilogramm *(Haber 1994, 5)*.

Rechnet man die niedrigste der oben genannten Zahlen auf alle Bundesbürger hoch, so bedeutet dies, daß bundesweit jährlich 80 Millionen x 9 Kilogramm = 720.000.000 Kilogramm = 720.000 Tonnen Altkleider anfallen, will man bei all den Neueinkäufen seinen Schrank nicht permanent erweitern. Nimmt man die höheren Schätzwerte als Grundlage, fällt sogar mehr als 1 Million Tonnen Altkleider jährlich an. Auch wenn ein Teil dieses Gewichtes durch Abrieb, Reinigen und Waschen verlorengeht, zeigt sich hier, wie groß die anfallende Menge ist. Und nicht nur die Deutschen konsumieren riesige Mengen Kleidung. Hanno Reinert vom »Fachverband Textilrohstoffe« schätzt das europaweite Aufkommen auf mehr als 2,5 Millionen Tonnen *(Reinert 1993c, 4)*. Doch nicht nur diese eigentliche Bekleidung wird gesammelt. Auch Handtücher, Bettwäsche, Decken usw. landen nach Gebrauch in den Beuteln und Containern, werden anschließend sortiert und teilweise exportiert.

1.4 Altkleider als Spiegelbild des Überflusses

Es ist auf den ersten Blick überraschend, was so alles auf den Förderbändern der Altkleidersortieranlagen landet. Zwar befinden sich zerrissene Kleidung und Lumpen in den Sammlungen, doch auch ein hoher Anteil noch sehr gut erhaltener Kleidung. Sogar Kleidungsstücke mit noch daran befestigtem Preisschild fand der Verfasser in Sortieranlagen. Waren es die Reste des Schlußverkaufes aus einem Kleiderladen – oder war es das Schnäppchen vom Wühltisch, das zu Hause dann nicht mehr gefiel und sofort entsorgt wurde?

Unsortierte deutsche Altkleider gelten im internationalen Vergleich als sehr hochwertig. Nur die Altkleider der Schweizer werden besser bezahlt. Doch auch innerhalb Deutschlands gibt es Unterschiede, und die Angaben über den Zustand der gesammelten Kleider schwanken. Hier spielen regionale und soziale Unterschiede eine Rolle. Gespräche mit Sammlern ergaben unterschiedliche Einschätzungen. Allgemein wurde berichtet, es gebe ein Stadt-Land-Gefälle. Die Städter seien eher als die Menschen auf dem Lande bereit, noch gute Kleidung wegzuwerfen. Auch von einem Nord-Süd-Gefälle war die Rede: Süddeutsche seien bei der Abgabe von Altkleidern zurückhaltender als die freigebigeren Norddeutschen. Und Bewohner eines Stadtteils mit hoher Arbeitslosigkeit werfen sicherlich andere Dinge in die Sammelsäcke als die Menschen, die in noblen Vororten Düsseldorfs oder Frankfurts wohnen.

Aus der Vielzahl der Tabellen[2] aus verschiedenen Regionen und von verschiedenen Sammlern läßt sich als Mittelwert herauslesen, daß nahezu die Hälfte der Altkleider sofort nach der Sortierung ohne Reparatur wieder tragbar ist – oder hätte von den VorbesitzerInnen noch weiter getragen werden können.

Aufteilung des Sammelgutes
(Mittelwerte)

1. Altkleider	40–55%
2. Putzlappen	15–30%
3. Reißtextilien	10–15%
4. Pappenlumpen	5–15%
5. Unrat	10%

[2] DRK 1992, 3; STM 1995; Helmstädter 1981, 129 und 131; Haarschmidt 1988, 14; Hopfinger 1985, 208; Zudem Auskünfte von verschiedenen Sammlern und Sortierfirmen.

1.5 Menge der gesammelten Altkleider

Der steigende Konsum von neuen Kleidern spiegelt sich im steigenden Sammelergebnis der Altkleidersammler. Wieviele Tonnen Altkleider jährlich in Deutschland gesammelt werden, weiß angeblich niemand ganz genau. Es gibt keine verläßliche Statistik über den Gesamtmarkt. Fest steht jedoch in der Tendenz, daß die Menge stetig steigt. Nach Angaben des Deutschen Roten Kreuzes (DRK) betrug das Sammelaufkommen im Jahresdurchschnitt 1989/90/91 160.000 Tonnen *(DRK 1992, 9)*. Andere Quellen sprechen auch für diesen Zeitraum schon von einem Sammelaufkommen zwischen 200.000 und 300.000 Tonnen *(RR 12/1991, 396)*. Hanno Reinert schätzte 1993, daß in der Bundesrepublik jährlich 250.000 bis 300.000 Tonnen Altkleider gesammelt wurden *(Reinert 1993b, 4)*. Anfang 1995 schätzte Eberhard Böschen, Vorsitzender der »Sekundär Textil Marketing AG« (STM) und langjähriger Kenner des Marktes, das Gesamtaufkommen auf 300.000 bis 350.000 Tonnen pro Jahr *(Böschen/DTB 1995)*. Andere Quellen nennen wesentlich höhere Zahlen und gehen von bis zu 520.000 Tonnen jährlich gesammelten Altkleidern aus *(Lekkenwalter 1994, 3; May 1994, 31)*. Die Wahrheit dürfte – wie so oft – in der Mitte bei circa 400.000 Tonnen liegen. Von dieser Zahl wird auch im weiteren Verlauf der Studie als Richtwert ausgegangen.

Um diese Zahl anschaulicher zu machen, sei eine Umrechung erlaubt: 400.000 Tonnen ergeben 400 Millionen Kilogramm. Bei einem Durchschnitt von 3 Kleidungsstücken je Kilogramm werden demnach in Deutschland jährlich rund 1,2 Milliarden Altkleider gesammelt. Dies wiederum bedeutet bei einer Bevölkerung von 80 Millionen Menschen, daß die Deutschen jährlich pro Kopf durchschnittlich 15 Kleidungsstücke über die Altkleidersammlungen abgeben. Der Rest der anfallenden Altkleider wird über den Hausmüll entsorgt und landet auf Deponien und Müllverbrennungsanlagen.

1.6 Deutschland: Vizeweltmeister im Export von Altkleidern

Die lukrativste Ware sind die Altkleider, die an deutsche und westeuropäische Second-Hand-Läden weiterverkauft werden können. Die Angaben über den Anteil dieser Waren am Gesamtaufkommen schwankt je nach Auskunftsperson zwischen 3 und 15 Prozent. Der Mittelwert dürfte bei 5 bis 8 Prozent liegen.

Und der Rest? Die verbleibenden noch tragbaren circa 40 Prozent des Sammelergebnisses gehen in den Export. In absoluten Zahlen läßt sich festhalten, daß die stetige Steigerung der Sammelergebnisse zu einer stetigen Steigerung der Exporte führte. Die erhöhte Menge führte nicht zum Ausbau der Verwertungskapazitäten innerhalb Deutschlands, sondern zur Suche nach neuen Exportmärkten. H. Rintsch, damals Vorsitzender des deutschen Fachverbandes Textilrohstoffe, forderte schon Mitte der achtziger Jahre: »Eins ist nach meiner Meinung festzuhalten, daß es durch neue Sammelsysteme mehr Altkleider in Europa gibt als in der Vergangenheit und daß die Schere zwischen Angebot und Nachfrage sich nicht eher schließen lassen wird, bevor sich nicht die gesamte Menge verringert oder das Ausland – sprich die dritte Welt – mehr Ware ordert.« *(RR 20/1986, 648.)*

Tatsächlich stieg die Menge der Exporte drastisch an. Die folgenden Zahlen beziehen sich auf die Angaben, die die Exporteure an der deutschen Grenze zu ihrer Ware machten. Es handelt sich also beim Wert der Ware um die Summen, die die Altkleider laut Exporteur beim Erreichen des Zolles wert waren und somit nicht um die Geldbeträge, die die Importländer für die Altkleider bezahlten. Um den Wert zu ermitteln, den die Ware beim Eintreffen in den Import-

Foto: medusa-film

Altkleiderballen für den Afrika-Export

Deutsche Exporte von »Bekleidung, -zubehör, Decken und Spinnstoffe usw.«:

Jahr	Menge in Tonnen	Preis in 1000 DM	DM je Tonne
1978	37.955	31.934	841
1981	48.194	54.866	1.138
1984	54.637	75.259	1.377
1987	64.118	78.432	1.223
1988	97.435	96.845	994
1989	104.500	105.237	1.007
1990	117.881	120.317	1.021
1991	149.940	139.778	932
1992	163.276	171.527	1.051
1993	174.834	189.923	1.086
1994	190.482	205.320	1.078

Quelle: Statistisches Bundesamt 1978–1992 sowie ebd. 1993 (umgerechnet von Dezitonnen in Tonnen); »DM je Tonne«: eigene Berechnungen; 1994: vorläufige Zahlen des Statistischen Bundesamtes vom 19.6.1995.

ländern hat, müssen noch die Transportkosten, die nach Überqueren der deutschen Grenze anfallen, und eventuelle Zölle der Einfuhrländer dazuaddiert werden.

Zudem ist vor allem für die Preiskalkulation der nichteuropäischen Endverbraucher wichtig, wie sich der Kurs des US-Dollars entwickelt: Im internationalen Handel werden Transportkosten, Zölle und meist auch die Lieferanten in US-Dollar bezahlt.

Nach Angaben des Statistischen Bundesamtes exportierten deutsche Firmen 1994 190.482 Tonnen Altkleider und erwirtschafteten damit einen Erlös von mehr als 205 Millionen DM. Dies bedeutet eine deutliche Steigerung gegenüber den 1992 ausgeführten 163.276 Tonnen Altkleidern (Erlös 171,5 Millionen DM). Seit 1984 haben sich die Exportmengen mehr als verdreifacht und die Erlöse nahezu verdreifacht (siehe Tabelle).

Eine weitere Tabelle des Statistischen Bundesamtes umfaßt den Export von Lumpen und Abfällen. Die Menge der Exporte dieser Gruppe blieb im Laufe der letzten 20 Jahre mit jährlich circa 90.000 Tonnen nahezu konstant. Diese Konstanz überrascht, da die deutsche Textil- und Bekleidungsindustrie im

Exportanteile von Altkleidern nach Regionen
Angaben in Prozent des weltweit gehandelten Wertes:

	1983	1985	1987	1989	1990	1991	1992
Afrika	0,8	0,6	1,4	1,9	3,3	1,2	0,8
davon Nordafrika	0,7	0,6	0,7	0,8	1,2	0,8	0,7
Asien	10,3	15,0	10,5	16,6	13,0	14,0	12,1
Amerika	33,8	34,0	30,2	25,5	24,5	25,5	27,8
Europa	53,0	51,7	54,0	53,8	57,1	56,8	57,2

Exportanteile von Altkleidern nach Ländern
Angaben in Prozent des weltweit gehandelten Wertes:

USA	32,6	28,6	27,6	23,3	22,3	22,9	25,2
Deutschland	14,5	14,3	14,0	13,4	15,2	15,5	15,7
Niederlande	10,4	10,6	12,5	11,6	11,7	11,4	10,0
Belgien/Luxem.	9,4	9,6	9,4	10,1	10,8	10,4	10,3
Japan	7,1	7,7	5,9	6,7	6,0	5,5	4,4
Italien	4,0	3,4	4,1	5,0	5,3	5,7	5,9
Großbritannien	5,1	4,1	4,2	4,5	4,4	4,7	6,2
Frankreich	4,2	4,1	4,0	4,2	4,6	4,2	4,1
Singapur	1,2	1,2	1,3	1,9	2,1	2,6	2,5
Hong-Kong	0,4	1,5	1,2	1,8	1,7	2,5	2,1

Quelle: Auszüge aus: United Nations (Hg), International Trade Statistics Yearbook 1992, New York 1994, Tabelle 269.

gleichen Zeitraum massiv schrumpfte und gleichzeitig bei der noch vorhandenen Produktion aufgrund neuer Umweltschutzbestimmungen der anfallende Abfall deutlich verringert wurde. Daraus sowie aus einigen im nächsten Kapitel genannten Unstimmigkeiten der vom Statistischen Bundesamt erfaßten Zahlen läßt sich ableiten, daß ein zunehmender Anteil der circa 90.000 Tonnen ebenfalls aus den Altkleidersammlungen stammt und die alten Kleider lediglich als »Lumpen« deklariert wurden – und daß hier somit verschleiert Altkleider exportiert wurden.

Deutschland ist damit nach den USA der mit weitem Abstand größte Altkleiderexporteur der Welt. Das »International Trade Statistics Yearbook« der Vereinten Nationen (UN) listet den Wert der weltweiten Altkleiderexporte und

-importe auf. Obwohl diese Zahlen mit Vorsicht zu genießen sind, ermöglichen sie einen Überblick. Probleme ergeben sich dadurch, daß auch Reexporte in die Tabellen einbezogen wurden. Laut dieser Statistik exportieren die Niederlande und Belgien mit einem Weltmarktanteil von 20,3 Prozent zusammen mehr Altkleider als Deutschland mit einem Anteil von 15,7 Prozent. Das mag Verwunderung auslösen, hat jedoch rein technische Gründe: Ein großer Teil der deutschen Altkleider wird sofort nach der Sammlung ins Ausland und hier vor allem nach Belgien, Holland und Frankreich verbracht und dort sortiert. Diese Länder verfügen traditionell über mehr Sortieranlagen und über bessere Kontakte zu den Abnehmerstaaten in Übersee als die BRD. Die bedeutendsten Anlagen wiederum, die Alttextilien wieder zu Rohstoffen verarbeiten, befinden sich in Norditalien. Hier findet allerdings eine Verlagerung statt. In zunehmenden Maße werden in Indien und Pakistan Recyclingkapazitäten aufgebaut.

Die Exporte der Niederlande und Belgien bestehen daher zu einem großen Teil aus Altkleidern, die aus Deutschland zuvor importiert wurden. Dies belegt auch die weiter unten wiedergegebene Importtabelle, nach der Belgien und die Niederlande 9,2 Prozent der weltweiten Importe tätigen. Daher ist davon auszugehen, daß der deutsche Anteil am Weltexport in Prozentpunkten noch wesentlich höher ist als sich in den Zahlen der Vereinten Nationen ausdrückt, die die Weiterexporte mit einbeziehen – und damit bei mindestens 20 Prozent liegen dürfte.

Um dies vorwegzunehmen: Dieser hohe Anteil der deutschen Waren an den Altkleiderexporten macht das Argument äußerst fragwürdig, eine Einschränkung der deutschen Exporte würde an der Gesamtsituation wenig ändern. Schränkt die BRD die Menge der exportierten Ware deutlich ein, hätte dies einen relativ großen Einfluß auf den Weltmarkt. Selbst falls die Folge nur sein sollte, daß andere Staaten die deutschen Marktanteile übernehmen: Der stufenweise Wegfall der großen Menge der aus Deutschland kommenden Altkleider ließe die Preise steigen und erhöht damit die Chancen der Hersteller von Bekleidung in der Zweidrittelwelt, ihre Ware abzusetzen.

1.7 Die Zweidrittelwelt: Endstation von Altkleidern

Der hohe Anteil der Exporte wird mittlerweile von vielen kommerziellen Händlern bestritten. Insbesondere behaupten sie seit dem Bekanntwerden der Kritik am Export, die Menge der nach Afrika exportierten Altkleider sei deutlich auf circa 10 Prozent der Gesamtware gesunken. So schrieb etwa der Altkleiderhändler Holger Hackbarth: »Wenn Sie fachliche Informationen hätten, wäre Ihnen bekannt, daß nur max. 14 % für die sog. Afrikasortierung in Frage kommen.« *(Hackbarth 1995)*

Teilweise widersprechen sie dabei den Zahlen, die von ihnen selbst oder den Konkurrenten veröffentlicht werden. Hanno Reinert schätzt, daß von den nach seinen Angaben 1992 gesammelten 250.000 bis 300.000 Tonnen Altkleidern etwa 40 Prozent in die sogenannte Dritte Welt exportiert wurden *(Reinert 1993a, 2)*. Auf einer Ende 1993 von SÜDWIND organisierten Tagung in Mülheim, wo VerteterInnen verschiedener am Handel beteiligter Organisationen und Firmen zusammenkamen, wurde ein Vertreter der Branche konkreter. Er gehe davon aus, daß 1992 zwischen 120.000 und 170.000 Tonnen im Wert von 240–275 Millionen DM aus Deutschland nach Afrika exportiert wurden.[3] Diesen Aussagen widersprach keiner der bei der Tagung anwesenden kommerziellen Altkleiderhändler. Im Januar 1994 schätzte der Vorsitzende des Fachverbandes Textilrohstoffe, Hans Löwer, »daß original Sammelware nur ca. 20–30 % der Ware enthält, die in Afrika verkaufsfähig ist.« *(Löwer 1994a.)*

Viel scheint sich seitdem entgegen allen Beteuerungen nicht geändert zu haben. In einer im Januar 1995 veröffentlichten Presseerklärung der STM-AG, einem Zusammenschluß mittelständischer Unternehmen, in der auch Herr Hackbarth Mitglied ist (Näheres siehe das Kapitel über STM), ließ sich über den Verbleib der Altkleider nachlesen, daß 10–12 Prozent der gesammelten Altkleider in »Schwellenländer« und 30 bis 35 Prozent in »Entwicklungsländer« exportiert werden *(STM 1995a)*.

---

[3] Wobei diese Zahlen die Frage aufwerfen, wie korrekt andere Angaben der Branche waren: Wenn circa 40 Prozent der Altkleider exportiert werden und der Anteil der Afrikaware sogar nur bei 30 Prozent des Gesamtaufkommens liegt, dann müßte bei Exporten von circa 150.000 Tonnen nach Afrika die Menge der gesammelten Ware schon 1992 deutlich über 300.000 Tonnen gelegen haben. Es sei denn, der Exportanteil wurde zu hoch angegeben. Doch warum sollten Branchenkenner, die wußten, daß SÜDWIND die Exporte nach Afrika kritisiert, ausgerechnet die Menge dieser Exporte übertreiben?

Fotos: medusa-film

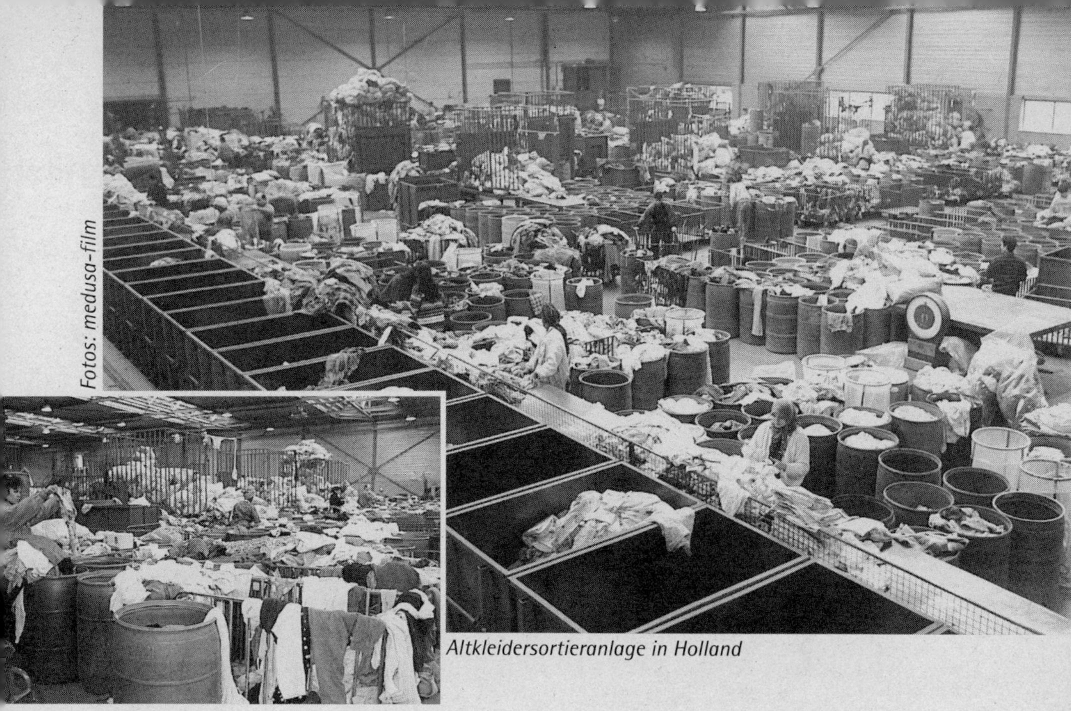

Altkleidersortieranlage in Holland

Die von den Vereinten Nationen über den Altkleiderhandel veröffentlichten Zahlen geben keine nähere Auskunft, da sie das Marktgeschehen nur verzerrt wiederspiegeln. Hier werden die Niederlande, Belgien, Frankreich und Italien als Großimporteure genannt und tätigen gemeinsam mit weiteren europäischen Staaten nahezu 33 Prozent der Weltimporte. Doch zeigt die Statistik als Näherungswert, wie bedeutend Afrika mit fast 30 Prozent der Weltimporte als Absatzmarkt ist. Diese Angabe zum Welthandel liegt demnach genau in der Größenordnung, die auch für den deutschen Export immer wieder genannt wird.

Addiert man die fast 25 Prozent Marktanteil hinzu, die in asiatische Staaten gehen, kann gesagt werden, daß selbst nach diesen verzerrenden Tabellen deutlich mehr als 50 Prozent der Altkleider der Industrienationen in der Zweidrittelwelt enden.

In den deutschen Exportstatistiken des Statistischen Bundesamtes wird ebenfalls nur erfaßt, wohin die Ware direkt nach Verlassen des deutschen Staatsgebietes transportiert wird. Über den Endverbleib der Altkleider geben diese Statistiken keine Auskunft. Daher geht auch nach dieser Erfassung der überwiegende Teil der deutschen Altkleiderexporte in die europäischen Nachbarländer.

Importanteile von Altkleidern nach Regionen
Angaben in Prozent des weltweit gehandelten Wertes:

	1983	1985	1987	1989	1990	1991	1992
Afrika	20,4	9,1	23,6	25,5	23,7	24,4	28,5
davon Nordafrika	2,5	2,1	2,6	2,6	3,8	3,2	3,3
Europa	43,2	50,9	42,0	36,7	38,8	33,0	32,4
Asien	28,4	30,6	23,5	24,3	25,0	25,4	24,9
Amerika	6,2	7,3	7,3	9,7	7,5	8,3	7,9

Importanteile von Altkleidern nach Ländern
Angaben in Prozent des weltweit gehandelten Wertes:

	1983	1985	1987	1989	1990	1991	1992
USA			Keine Angabe				
Deutschland			Keine Angabe				
Niederlande	4,0	5,2	4,6	4,3	4,9	3,9	4,1
Belgien/Luxem.	5,4	6,0	4,7	4,9	5,9	4,4	5,1
Japan			Keine Angabe				
Italien	10,3	15,2	8,4	6,3	6,1	5,4	5,8
Großbritannien			Keine Angabe				
Frankreich	7,3	7,2	7,8	6,8	7,5	5,8	5,8
Singapur	1,8	1,8	1,7	2,9	3,1	3,1	3,4
Hong-Kong	0,8	4,0	2,7	2,7	3,3	3,4	3,8

Quelle: Auszüge aus: United Nations (Hg), International Trade Statistics Yearbook 1992, New York 1994, Tabelle 269.

Doch selbst in den im Bezug auf den Endverbleib der Altkleider nur eingeschränkt aussagefähigen Tabellen fällt auf, daß nicht die von Bürgerkriegen zerstörten afrikanischen Länder Mosambik, Angola, Somalia, Liberia und Sierra Leone oder die in den vergangenen Jahren noch weiter verarmten Staaten Madagaskar, Zaire und Malawi an der Spitze der Empfänger der direkt aus Deutschland in die Zweidrittelwelt verschifften Altkleider liegen. Im Gegenteil, die größten Abnehmer sind mit Togo, Nigeria, Benin und Ghana Länder, die zwar mit massiven wirtschaftlichen Problemen zu kämpfen haben, die aber relativ gesehen noch gut dastehen und über Devisen verfügen.

Exporteure betonen immer wieder, die Altkleider kämen nur den Ärmsten der Armen zugute, und der Altkleiderhandel sei per se ein karitatives Unterfangen. Wäre dem so, würde man gezielt dahin verschiffen müssen, wo die Altkleider am notwendigsten sind. Doch die dort lebenden Menschen können sich die Einfuhr von Altkleidern zu deutschen Preisen nicht leisten.

Verkauft wird nicht nach humanitären, sondern nach Profitkriterien: Der bekommt die Ware, der die meisten Devisen zahlen kann! Dies belegen sowohl die Tabellen des Jahres 1993 als auch die Angaben für 1994.

Aus den Zahlen des Statistischen Bundesamtes für 1994 lassen sich weitere Grundzüge des Marktes herauslesen. Da Belgien, Luxemburg, die Niederlande und Frankreich im Durchschnitt nur 745 DM je Tonne für die Waren aus Deutschland zahlten, liegt der Schluß nahe, daß sie zumindest weitestgehend unsortierte Textilien übernahmen.

Auch in Asien werden Unterschiede deutlich. In Indien ist die Einfuhr noch gebrauchsfähiger Altkleider verboten, und daher dürften die dortigen Einfuhren hauptsächlich aus Lumpen, die man zur Rohstoffwiederverwertung nutzt, bestehen. Pakistan führt nach Aussage von Händlern nur billigste Ware ein, die ebenfalls teilweise zum Recycling benötigt wird. Folgerichtig lagen hier die Einfuhrpreise deutlich unter 1000 DM je Tonne. In Jordanien, wo weiterhin

Foto: medusa-film

Ghanaerin beim Altkleidersortieren in Holland

Deutsche Exporte von »Altwaren« (Rubrik 6309 00 00) 1993[4]
(Auszug aus der Gesamttabelle)

Empfängerland	Menge in Tonnen	Preis in 1.000 DM	DM je Tonne
Niederlande	36.900	21.526	583
Italien	27.287	22.415	821
Belgien/Luxemburg	23.970	16.816	702
Frankreich	17.167	13.270	773
Polen	12.541	12.544	1.000
ČSR	5.268	6.051	1.149
Ceuta	3.342	5.633	1.656
Großbritannien	2.088	4.641	2.223
Ungarn	1.954	2.663	1.362
Russland	1.888	6.782	3.592
Rumänien	1.034	972	940
Tunesien	1.239	1.396	1.127
Chile	5.582	11.875	2.127
USA	1.020	2.866	2.810
Pakistan	8.312	7.200	866
Jordanien	2.179	4.898	2.247
Indien	2.161	1.501	695
Libanon	1.329	3.634	2.734
Afrika südlich der Sahara:			
Gesamt	*9.853*	*24.998*	*2.537*
Ghana	2.445	5.830	2.384
Benin	2.224	6.138	2.760
Togo	1.958	4.777	2.440
Nigeria	1.249	3.239	2.593
Guinea	391	1.203	3.077
Südafrika	305	502	1.645
Kamerun	385	1.063	2.761
Sierra Leone	252	625	2.480
Kenia	165	282	1.709
Dschibuti	159	178	1.119
Gabun	119	458	3.849
Äquato. Guinea	69	218	3.159

Fortsetzung der Tabelle auf der nächsten Seite

Bissau	62	162	2.613
Kongo	40	157	3.935
Angola	30	166	5.533
Total	**174.834**	**189.923**	**1.086**

Quelle: Statistisches Bundesamt (umgerechnet von Dezitonnen in Tonnen); »DM je Tonne«: eigene Berechnungen.

[4] Diese Rubrik hieß in der Aufstellung 1992 »Bekleidung, -zubehör, Decken, und Spinnstoffe usw.«. Die Benennung der erfaßten Zahlen wurde vom Statistischen Bundesamt geändert. Nach Auskunft des Statistischen Bundesamtes umfaßt diese Kategorie ausschließlich Altkleider.

Foto: medusa-film

Deutsche Exporte 1994			
Empfängerland	**Menge in Tonnen**	**Preis in 1.000 DM**	**DM je Tonne**
Niederlande	45.130	30.530	676
Belgien/Luxemburg	19.000	13.729	723
Italien	20.047	16.704	833
Frankreich	13.961	11.678	836
Polen	23.447	20.373	869
CSR	9.447	10.940	1.158
Ungarn	3.340	3.635	1.088
Rumänien	2.693	2.273	844
Chile	5.874	15.388	2.620
Pakistan	11.094	8.151	735
Jordanien	2.062	4.381	2.125
Indien	2.399	2.086	870
Afrika südlich der Sahara:			
Benin	2.065	4.810	2.329
Togo	1.868	4.120	2.206
Kamerun	1.700	5.978	3.516
Ghana	1.652	3.205	1.940
Nigeria	1.024	2.498	2.430
Südafrika	585	733	1.253
Mosambik	53	217	4.094
Total	**190.482**	**205.320**	**1.078**

Quelle: vorläufige Zahlen des Statistischen Bundesamtes vom 19.6.1995[5] (umgerechnet von Dezitonnen in Tonnen); »DM je Tonne«: eigene Berechnungen.

ein Altkleidermarkt existiert, betrugen die Einfuhrpreise dagegen 2.125 DM je Tonne.

Noch höher lag der Preis für die deutschen Altkleider, die nach Afrika verkauft wurden. In den für 1994 angegebenen Ländern erlösten die deutschen Exporteure durchschnittlich 2.410 DM je Tonne. Dies weist darauf hin, daß die

[5] Leider lagen die Zahlen für 1994 dem Verfasser erst zum Teil vor, da sie noch nicht in Buchform veröffentlicht wurden. Gedankt sei an dieser Stelle der Sachbearbeiterin des Statistischen Bundesamtes, die die angegebenen Zahlen für den Verfasser raussuchte und unbürokratisch weitergab.

afrikanischen Staaten hauptsächlich sortierte und für die Weiterverwendung gedachte Altkleider importierten.

Da der größte Teil des deutschen Sammelgutes erst nach dem Sortieren im Ausland in die Zweidrittelwelt verbracht wird, sagt die Tabelle des Statistischen Bundesamtes nichts darüber aus, wieviele der aus Deutschland kommenden Altkleider auf die Märkte in Afrika gelangten. Der Anteil der deutschen Altkleider an den Einfuhren in Übersee liegt um ein Vielfaches über den direkt aus Deutschland importierten Mengen. Anfragen bei Sortierern in Belgien und den Niederlanden ergaben, daß diese je nach Geschäftskontakten und Qualität der Altkleider zwischen 20 und 35 Prozent der aus Deutschland bezogenen Ware nach der Sortierung an afrikanische Abnehmerstaaten verkaufen. Auch Frankreich verfügt traditionell über sehr gute Kontakte zu den afrikanischen Märkten und liefert einen großen Teil der aus Deutschland bezogenen Altkleider dorthin weiter.

Doch auch die relativ gering erscheinenden Direktexporte sind keine zu vernachlässigende Größe. Bei Angaben in Tonnen verschwimmen die Dimensionen leicht. Allein Togo importierte 1994 laut Statistischem Bundesamt direkt aus Deutschland 1.868 Tonnen = 1.868.000 Kilogramm Altkleider. Geht man davon aus, daß bei leichter Sommerbekleidung 4 Kleidungsstücke 1 Kilogramm wiegen, so sind dies fast 8 Millionen Einzelteile. Dies wiederum bedeutet bei einer Bevölkerung von ca. 3.5 Millionen Menschen, daß Togo pro Kopf der Bevölkerung mehr als 2 Kleidungsstücke direkt aus Deutschland einführte. Und dies sind nur die erfaßten Direktimporte aus Deutschland. Wieviele deutsche Altkleider, die über Holland oder Belgien importiert werden, und wieviele Altkleider aus anderen europäischen Industriestaaten noch dazu kamen, ist unbekannt.

Erstaunlich sind die rasanten Zuwächse der Altkleiderexporte nach Osteuropa. Machten diese noch 1990 erst wenige tausend Tonnen aus, so beliefen sich 1994 die offiziellen Ausfuhren nach Polen, Rumänien, Ungarn und in die Tschechische Republik schon auf fast 40.000 Tonnen. Von dort aus wird ein großer Teil der Altkleider weiter nach Osten vertrieben. In dem Film »Es geht eine Hose auf Reisen« wurde beipielsweise der Weg von Altkleidern aus einer karitativen Sammlung über den Zwischenhändler in Deutschland, weiter nach Polen und dann in die Ukraine nachgezeichnet. Bei jede dieser Stufen stieg der Preis der Waren drastisch an *(Achtnicht 1994).*

Ebenfalls stark gestiegen ist der Export nach Chile. Anscheinend gelingt es den deutschen Exporteuren zunehmend, auch auf dem südamerikanischen Markt Fuß zu fassen. Dort wurden bislang nahezu ausschließlich Altkleider aus den USA vertrieben.

Deutsche Altkleiderimporte

Deutschland exportierte nicht nur, sondern führte auch Altkleider ein. Die deutschen Einfuhren umfaßten 1993 6.033 Tonnen im Wert von mehr als 21 Millionen DM. Die hohen Umsätze wurden hauptsächlich im Handel mit den USA erwirtschaftet: Die von dort eingeführten 813,6 Tonnen Altkleider wurden laut Statistischem Bundesamt mit 14,8 Millionen DM bezahlt, was einen Tonnenpreis von mehr als 18.000 DM ausmachte (Statistisches Bundesamt 1993). Hierbei handelte es sich wohl vorwiegend um die in den deutschen Second-Hand Läden so begehrten gebrauchten Jeans-Hosen und Lederwaren einzelner Markenhersteller.

1.8 Graue, schwarze und illegale Märkte

Ein Grund der von vielen am Handel beteiligten Firmen praktizierten Geheimniskrämerei ist die Angst vor dem Verlust von Konkurrenzvorteilen und lukrativen Gewinnspannen. Was kann einem Händler Besseres passieren, als daß eine unerfahrene karitative Organisation mit dem Altkleidersammeln beginnt und dem kommerziellen Partner Ware für 200 oder 300 DM je Tonne verkauft, die dieser anderen Ortes für 700 DM je Tonne kaufen muß und für noch mehr Geld weiterverkaufen kann? Oder wenn eine Organisationen gegen eine Mietgebühr von wenigen hundert beziehungsweise tausend DM einem kommerziellen Unternehmer erlaubt, ihren Namen zu benutzen, ohne zu wissen, daß dieser mit Hilfe dieses Namens zusätzliche Gewinne in einem weit höheren Umfang erwirtschaften kann?

Solche Fälle kommen seit vielen Jahren immer wieder vor Gericht. »Allein die Schwerpunktstaatsanwaltschaft für Wirtschaftskriminalität in Hof ermittelte 1982 in elf Fällen gegen Altkleidersammler in Nordbayern. In einem Fall erzielte ein Händler durch den Verkauf von Altkleidern in acht Monaten Einkünfte von 220.000 DM. An die Hilfsgemeinschaft, in deren Namen er sammelte, führte er 2400 DM ab.« *(Hopfinger 1985, 207)*

Foto: medusa-film

Abpacken von Altkleidern für den Afrika-Export

Einige kommerzielle Händler haben viele Ideen, wie sie ihr Sammelergebnis steigern können. Beliebt sind Werbezettel, die auf den ersten Blick so wirken, als würde ein karitativer Verein sammeln. Ein Kreis mit einem Kreuz in der Mitte – in Anlehnung an das Rote Kreuz –, eine Erdkugel, die den Anschein erweckt, hier sei eine Gruppe am Werke, die zugunsten des Umweltschutzes oder der Zweidrittelwelt arbeitet, ein weinendes Kind etc., die Variationen sind vielfältig. Irgendwo auf dem Zettel steht dann – wenn überhaupt – kleingedruckt »Gewerbliche Sammlung«. Die EmpfängerInnen, die nur einen flüchtigen Blick auf die Werbung werfen und nicht das kleiner Gedruckte lesen, haben den ersten und oft bleibenden Eindruck, sie täten es für einen guten Zweck, wenn sie einen Sack mit Altkleidern zum Sammlungstermin vor die Türe stellen.

Die mangelnde Trennung zwischen karitativen und kommerziellen Unternehmen kann noch weiter gehen. Einige Händler versuchen, einen eigenen karitativen Verein zu gründen. Doch hier muß man unterscheiden: Es gibt HändlerInnen, die wirklich einen Teil ihrer Arbeitskraft in einen karitativen Zweck investieren wollen. Andere dagegen gründen den Verein nur, um bessere Sammelergebnisse zu erzielen und leiten die höheren Gewinne zum größten Teil in die eigene Tasche.

Weit verbreitet ist auch der schlichte Diebstahl der Altkleider. Kommerzielle Sammler fahren im Morgengrauen die Gebiete ab, in denen eine karitative Organisation am gleichen Tag zu einer Sammlung aufgerufen hat und laden die vor den Türen stehenden Säcke ein. Diese Praxis ist der Grund, warum immer mehr Organisationen auf ihren Sammelaufrufen ausdrücklich darum bitten, die Altkleider erst am Morgen des Sammeltages – und nicht schon am vorherigen Abend – vor die Türe zu stellen. Immer wieder findet sich auch im Lokalteil der örtlichen Zeitungen ein Aufruf an die Bevölkerung, verdächtige Fahrzeuge zu melden, um die Diebe auf frischer Tat zu ertappen und verklagen zu können.

Der Handel mit eingesammelten Altkleidern ist darüber hinaus ein idealer Markt für Geschäfte an Finanzamt und Steuern vorbei. Es ist davon auszugehen, daß selbst die Exportzahlen des Statistischen Bundesamtes allenfalls mengenmäßig einigermaßen verläßlich sind, während die Angaben in Geldwerten unter den tatsächlich am Markt gezahlten Summen liegen. Niemand kann wirklich kontrollieren, was und wieviel sich in Säcken mit gesammelten Alttextilien befindet beziehungsweise befunden hat. Ein möglicher Weg des Betrugs ist folgender:

Der Sammler geht mit seinen Säcken zum Zwischenhändler. Hier werden Altkleider normaler Qualität als schlechte Ware oder gar als »Lumpen« dekla-

Foto: medusa-film

Transportband für Altkleider

riert und auf dem Papier entsprechend gering bezahlt. Den Differenzbetrag zum tatsächlichen Wert der Ware erhält der Sammler bar auf die Hand schwarz ausbezahlt. Der Zwischenhändler verkauft die Altkleider, wiederum als »Lumpen« deklariert, ins Ausland. Mit Hilfe der Falschdeklarierungen läßt sich der offizielle Umsatz drastisch reduzieren. Daher wird dann auch nur ein Bruchteil der in Deutschland fälligen Steuern abgeführt. Außerdem sparen Exporteur und Importeur teilweise neben Steuern auch Zölle.

Mitte der achtziger Jahre wurde beipielsweise in Syrien festgestellt, daß laut syrischer Außenhandelsstatistik im Durchschnitt 1.200 DM je Tonne aus der Bundesrepublik importierter Altkleider bezahlt wurde. Die deutsche Statistik wies für die gleichen Waren einen Ausfuhrpreis von 1.800 DM je Tonne aus – und de facto bezahlten die syrischen Großhändler nach eigener Angabe 5.000 DM je Tonne für erste Wahl und 3.000 DM für zweite Wahl sowie 1.000 DM für dritte Wahl, die jedoch kaum nachgefragt wurde *(Hopfinger 1985, 213)*.

Gespräche mit Altkleidersammlern und am Altkleiderhandel beteiligten Unternehmen und Organisationen bestätigen, daß das syrische Beispiel kein Einzelfall ist. Ein Teilnehmer der Mülheimer Altkleidertagung sagte, gerade im Handel mit Polen seien Unterdeklarierungen an der Tagesordnung, um die polnischen Einfuhrzölle zu umgehen. Gleichzeitig kann man durch solche Falschdeklarierungen – Altkleider werden zu »Lumpen« oder »Textilabfällen« – in einigen Ländern Importverbote für Altkleider umgehen.

Wie viele Altkleider so gehandelt werden, läßt sich weder exakt beziffern noch auch nur realistisch schätzen. Hinweise liefern allenfalls die Aussagen einiger Marktteilnehmer. Der Vorsitzende des Fachverbandes Textilrohstoffe, Klaus Löwer, wird einem Bericht über eine Tagung der Textilrecycler in Amsterdam folgendermaßen indirekt zitiert: »Nach Löwers Schätzung geht heute bereits ein Sechstel der Sammelware ungesichtet in Richtung Osten.« *(Sekundär-Rohstoffe 6/95, 220)* Stimmt diese Einschätzung, müssen andere Angaben falsch sein. Ein Sechstel der gesammelten circa 400.000 Tonnen Altkleider wären deutlich mehr als 65.000 Tonnen. Laut Angaben des Statistischen Bundesamtes gingen 1994 jedoch offiziell nur circa 40.000 Tonnen nach Osteuropa.

Indirekt liefern die Tabellen des Statistischen Bundesamtes noch weitere Hinweise auf die vermuteten Falschdeklarierungen von Altkleidern. Die Statistik über Exporte von »Lumpen, Bindfaden usw. und Spinnstoff-Abfall« weist einige Unstimmigkeiten auf. Auffällig ist beispielsweise an der Tabelle aus dem Jahre 1992, daß die afrikanischen Staaten für die »Lumpen« mit durchschnittlich 2.092 DM je Tonne nicht viel weniger bezahlten als für die Altkleider (2.454 DM je Tonne). Der Unterschied zu Italien – dem Land, das vornehmlich die Rohstoffwiederverwertung durchführt – ist markant. Es ist sehr unwahrscheinlich, daß etwa Nigeria 2.500 DM je Tonne für die gleiche Ware bezahlte, die den Italienern nur 783 DM je Tonne wert war. Der Verdacht, daß die Ware zwar gleich deklariert wurde, sich aber dennoch anders zusammensetzte, liegt nahe.

Verstärkt wird dieser Verdacht durch technische Voraussetzungen: Es ist keineswegs einfach, Bekleidung wieder in Rohstoffe zu zerlegen. Warum sollten Staaten aus der Zweidrittelwelt, die oftmals selbst Baumwolle anbauen, aufwendige Technik importieren, und dann bis zum zwei- bis dreifachen Preis dessen, was Italien für seine Importe bezahlt, »Lumpen« beziehen und diese recyclen? Weiter erhärtet wird der Verdacht gerade im Fall Nigerias noch dadurch, daß die Einfuhr von Altkleidern in dieses Land nur in Ausnahmefällen erlaubt ist, da man die eigene Textil- und Bekleidungsindustrie schützen will. Über die Falschdeklarierungen lassen sich die Verbote umgehen.

Ein langjähriger Kenner der Altkleiderbranche, Uwe Schwarz vom Deutschen Roten Kreuz, geht davon aus, daß bei einem großen Teil der Exporte zumindest nicht ganz korrekt gearbeitet wird: »In dieser Branche der Altstoffhändler ist es nahezu üblich, daß mehr als 50 % des Geschäftes in einer Grauzone abgewickelt werden.« *(Schwarz 14.10.1993, 2)*

Kriminelle Geschäfte vermuten auch Insider der Branche. Die teure Entsorgung des Müllanteils der Altkleidersammlungen läßt sich beispielsweise anscheinend bei Kenntnis der 'richtigen Wege' umgehen. In einem Fernsehinterview unterstrich der Altkleiderhändler Volker Sigloch diese Einschätzung: Im Export nach Polen gebe es zur Zeit Probleme. »Die Wurzel des Ganzen ist das, daß in der Vergangenheit Materialien, die Müll enthielten, über die Grenzen gingen. Und da sind diese Länder, alle Länder, sehr sensibel. Wir müssen jetzt praktisch die Rechnung dafür bezahlen, daß es diese Müllschmuggler gab und gibt.« *(Sigloch 1994c)*

Einen weiteren illegalen Aspekt benannte Klaus Löwer: »Leider ist diese Branche unter anderem auch dazu geeignet, bis hin zu vermuteter Geldwäsche mißbraucht werden zu können« *(Löwer 1994)*. Löwer betont, es handele sich um einzelne schwarze Schafe.

Um weitere Gerüchte und Medienkritik erst gar nicht notwendig werden zu lassen, stünde es dem Fachverband Textilrohstoffe gut an, die Schuldigen an illegalen Geschäften konkret zu benennen. Eine solche Säuberung der eigenen Reihen würde dem Ruf der Branche nur guttun. Dabei sollte sie auch die Bestechung von Beamten in den Empfängerstaaten problematisieren, deren Folgen in der vorliegenden Studie in dem Kapitel über Tansania im Detail nachzulesen sind. Nicht das Gejammere über die Bestechlichkeit einzelner Beamter tut hier Not, sondern die Nennung von Roß und Reitern: Welcher Händler aus Deutschland zahlt, fördert damit die Korruption und schadet ehrlichen Mitbewerbern auf dem Bekleidungsmarkt?

1.9 Richtungsweisendes Urteil in Hamm?

Das Oberlandesgericht Hamm hatte im April 1995 die Revisionsverhandlung über folgenden Fall zu führen: Eine karitative Organisation hatte die Genehmigung für mehrere Sammlungen erhalten. Diese Sammlungen trat sie teilweise gegen einen Pauschalbetrag an eine kommerzielle Firma ab. Weitere vier Sammlungen bekam die kommerzielle Firma angeblich zugeteilt gegen die Zusicherung, 10 Prozent des Sammelerlöses an die karitative Organisation abzuführen. Die Vertreterin der karitativen Organisation bestritt, daß diese zweite Abmachung zu diesen Konditionen gemacht worden sei und verlangte einen höheren Anteil am Sammelergebnis.

Zwar erhielt die karitative Organisation im Endeffekt zusätzliches Geld, doch das Oberlandesgericht hielt den gesamten Vertrag für nicht zulässig: »Rechtsgeschäfte, die gegen rechtlich geschützte Belange der Allgemeinheit verstoßen, sind sittenwirdrig.« Für die Sammlungen galt das Sammlungsgesetz des Landes Nordrhein-Westfalen. (Andere Bundesländer haben entweder überhaupt keine oder andere Sammlungsgesetze.) »Es bezweckt den Schutz der Allgemeinheit davor, daß geschäftliche Interessen unter dem Vorwand einer Sammlung zu gemeinnützigen Zwecken verfolgt werden.« Laut diesem Sammlungsgesetz »ergibt sich, daß als Grenze für ein angemessenes Verhältnis zwischen den Aufwendungen zu dem Wert des Sammelgutes ein Reinertrag von 50 % des Erlöses angesehen wird. Wenn zu erwarten ist, daß diese Grenze unterschritten wird, soll nur ausnahmsweise eine Sammlungserlaubnis erteilt werden.« Im vorliegenden Fall gab es keine Ausnahmegenehmigung *(OLG Hamm 1995)*.

Würde diese 50-Prozent-Klausel regelmäßig überprüft, dürften wohl viele der in Nordrhein-Westfalen erteilten Sammelgenehmigungen ungültig sein. Lediglich im Bereich der Containerware ist in NRW die Ausnahme erlaubt, daß nur mindestens 25 Prozent des Sammelerlöses dem angegebenen Zweck zugute kommen müssen. Doch auch diese 25-Prozent-Klausel wird oftmals nicht kontrolliert und dürfte bei näherem Hinsehen in vielen Fällen nicht erfüllt worden sein.

Die Bedeutung des Urteils sollte nicht unterschätzt werden: Viele der bisher im bevölkerungsreichsten Bundesland von kommerziellen Unternehmen für karitative Organisationen durchgeführten Sammlungen dürften nach dieser Rechtsauslegung illegal sein! Hier sind die karitativen Organisationen gefordert, die Legalität ihres Geschäftsgebarens zu überprüfen – und die Kommunen, die Einhaltung der Bestimmungen zu überwachen. Dringlich ist auch eine klare rechtliche Regelung der Erteilung der Sammlungsgenehmigungen auf Bundesebene.

Laut Sammlungsgesetz des Bundeslandes NRW »ist die Erlaubnis für Altmaterialsammlungen zu versagen, wenn die Sammlung offenbar überwiegend den geschäftlichen Interessen der an der Verwertung des Sammlungsgutes Beteiligten dienen und der Hinweis auf gemeinnützige oder mildtätige Zwecke vornehmlich den eigenen Umsatz steigern soll (a) oder sich ein nicht vertretbares Mißverhältnis zwischen den Unkosten und dem für den Sammlungszweck verbleibenden Reinertrag ergibt (b). Ein solches nicht vertretbares Mißverhältnis zwischen Unkosten und Ertrag ist nach Nr. 2.31 der Verwaltungsvorschrift zum SammungsG NW, die zur Auslegung heranzuziehen ist, stets anzunehmen, wenn nicht einmal 25 % des Erlöses für den Sammlungszweck verbleiben. Das wird nach der Verwaltungsvorschrift 'regelmäßig der Fall sein, wenn gewerbliche Altmaterialsammler ... und dergleichen eingeschaltet werden. Wenn diesen aber sogar die Durchführung der Sammlungen ganz überlassen wird mit der Maßgabe, daß sie nur pro Tonne verkauften Materials einen bestimmten Betrag an den >Sammlungsträger< abzuführen haben, wird regelmäßig gar keine erlaubnisfähige Sammlung des angegebenen Veranstalters vorliegen. Sammlungen, bei den voraussichtlich weniger als 50 % des Wertes des Sammlungsgutes als Reinertrag dem angegebenen Zweck zugute kommen werden, sollen nur ausnahmsweise erlaubt werden.'«

Auszug aus der Urteilsbegründung des Oberlandesgerichtes Hamm, Urteil 21 U 113/94 OLG Hamm, verkündet am 2.2.1995

1.10 Umsätze auf dem Markt für Altkleider

Da die Sortier- und Exportunternehmen nicht bereit sind, konkrete Zahlen weiterzugeben, lassen die Erlöse und Umsätze im weiteren Handel nur als Näherungswerte angeben. Die Preise für Altkleider stiegen während des Jahres 1994 und auch noch im ersten Halbjahr 1995 deutlich an. Zur Zeit werden den karitativen Organisationen zwischen 600 und 800 DM je Tonne bezahlt.

Bei einem Sammelergebnis von 400.000 Tonnen und einem angenommenen Durchschnittspreis von 700 DM je Tonne würden demnach schon auf dieser ersten Stufe des Handels mehr als 280 Millionen DM umgesetzt.

Dem stehen Sammelkosten gegenüber, deren Höhe von der Art und Weise abhängt, wie gesammelt wird. Einige karitative Unternehmen können auf die Hilfe ehrenamtlicher Kräfte bauen, so daß bei ihnen nur sehr geringe Kosten entstehen. Andere Organisationen verkaufen ihre Sammellizenz an kommerzielle Unternehmer. Diese müssen dann die Gebühren für die Benutzung des Namens und Emblemes der karitativen Organisation plus die eigentlichen Kosten der Sammlung tragen. Es entstehen Schätzungen zufolge für die eigentliche Sammlung Kosten in Höhe von 200–250 DM je Tonne Altkleider. Diese Kosten können wesentlich höher liegen, wenn beispielsweise kommerzielle Sammlungen mit einem relativ geringen Ertrag in Gebieten stattfinden, wo zwischen den einzelnen Containern oder Sammelsäcken größere Entfernungen zurückzulegen sind.

Nur wenige Sammler – seien es nun karitative oder kommerzielle Unternehmen – verfügen über eigene Sortierbetriebe. Sie verkaufen ihre Ware in der Regel an Sortierfirmen, die darauf spezialisiert sind, die Altkleider in verschiedene Kategorien zu sortieren und der Wiederverwendung zuzuführen. Je nach beabsichtigtem Weiterverkauf differiert der Aufwand der Sortierung stark. Die Ware kann in bis zu 200 verschiedene Kategorien eingeteilt werden. Diese richten sich bei wieder tragbarer Kleidung danach, wie gut die Qualität der Ware noch ist (1. Wahl, 2. Wahl, ...) und um welches Kleidungsstück es sich handelt (Hose, Hemd...). Bei nicht wieder tragbarer Kleidung ist das entscheidende Kriterium, woraus die Textilien hergestellt wurden (Wolle, Baumwolle, Polyamid, Mischgewebe...). In den kommerziellen Betrieben liegen die Sortierkosten bei 500–600 DM je Tonne Altkleider.

Entsprechend dem Zustand und der Zusammensetzung der Altkleider differiert auch die Weiterverwendung. Der Teil, der – sei es im In- oder Ausland – noch KundInnen findet, die die Sachen weiter tragen, wird wieder als Kleidungsstück benutzt.

Die eigentlichen Lumpen können je nach chemischer Zusammensetzung als:

- Rohstoff für die Produktion neuer Textilien dienen,
- zu Putzlappen verarbeitet werden,
- zu Fetzen oder Fasern zerkleinert als Dämm- und Füllstoffe Verwendung finden,
- zu Rohstoff für die Pappeindustrie verarbeitet werden sowie
- als Abfall auf der Deponie oder in der Müllverbrennungsanlage enden.

Auf der Mülheimer Altkleidertagung fiel die Äußerung des Vertreters einer Sortierfirma, daß »mit 10 % der sortierten Kleidung 2/3 des Umsatzes gemacht werden.« Der Anteil der Ware mit hoher Qualität am Gesamtaufkommen ist demnach entscheidend für den Wert der Altkleider. Der Unterschied, ob 3 oder 15 Prozent der Ware allererste Wahl ist, ist gravierend für die Kostenkalkulation der Unternehmer. Hier sind keine exakten Zahlen zu bekommen.

Preise für zum Recycling bestimmte Altkleider ab Sortieranlage
(Stand Mitte 1995. Die Preise schwanken stark!)

Pappenlumpen	0,05 DM
Bunttuch	0,10–0,12 DM
Jeans	0,20–0,30 DM
Wolle original	0,55 DM
Gestrick 90 % Wolle	1,00–1,10 DM
Bettfedern	1,10–1,20 DM
Trikot weiß	1,20–1,50 DM
weiße Bettwäsche	1,30–1,50 DM

Foto: Friedel Hütz-Adams

Altkleiderabfälle

Neuwertige modische Ware, die an deutschen oder westeuropäische Second-Hand Läden geht, wird mit 6.000–10.000 DM je Tonne bezahlt. Ware, die nach Afrika verkauft wird, bringt im Schnitt knapp 2.500 DM je Tonne ein. Putzlappen, Wolle und ähnliche Stoffe können dagegen teilweise nicht kostendekkend verkauft werden. Auch hier hängt alles davon ab, von welcher Qualität die Waren sind. Hochwertige Wolle bringt ganz andere Einnahmen als Wolle mit einem Anteil Kunstfasern.

Der Teil der Ware, der nicht mehr wiederverwertbar ist, muß auf Deponien oder in Müllverbrennungsanlagen entsorgt werden. Hier fallen Kosten von bis zu 600 DM je Tonne an.

Die gesamten Umsätze auf dem Markt lassen sich grob schätzen. Wenn ein Sortierunternehmen 700 DM für die Ware zahlt und 550 DM Sortierkosten zu tragen hat, muß es mindestens 1.250 je Tonne wieder einnehmen, um die eigenen Kosten zu decken. Würden die anfallenden 400.000 Tonnen Altkleider in Deutschland sortiert und weiterverkauft, so würden bereits auf dieser Stufe des Handels 500 Millionen DM umgesetzt.

Da die deutsche Ware zu einem großen Teil im Ausland sortiert wird, sind die Umsätze innerhalb Deutschlands niedriger als der errechnete Wert. Hans Löwer schätzte die Umsätze der deutschen Sortierbetriebe Mitte des Jahres 1994 auf 300 bis 350 Millionen DM *(Stürmlinger 1994)*. Über die Erlöse der nächsten Stufe des Handels, den Recyclingbetrieben und Second-Hand-Läden, liegen keine Angaben vor.

2. Diskussionen über die Vermarktung der Altkleider

2.1 Diskussionen weltweit

Nicht nur in Deutschland wird über die Folgen der Altkleiderexporte gestritten. Ähnlich kontroverse Debatten finden auch in anderen Ländern statt. In der Schweiz werden Schätzungen zufolge circa 20.000 Tonnen Altkleider und Schuhe jährlich gesammelt. Dort gibt es schon seit Jahren eine Auseinandersetzung über Sinn und Unsinn der Altkleiderexporte *(Schneider Zimmermann 1992; Haber 1992; Haber 1994; Raos 1994).* In Australien wurden karitative Organisationen wegen ihrer Vermarktungspraktiken hart kritisiert *(The World Resource Foundation 1994).* Auch in den skandinavischen Ländern wird über die Altkleiderexporte diskutiert. In Dänemark geriet das Rote Kreuz ebenso unter Druck *(Schwarz 1994)* wie DAPP, deren deutscher Zweig unter dem Namen »Humana« arbeitet. Zur Untersuchung der Vermarktungswege von DAPP wurde eigens vom dänischen Auswärtigen Amt eine Studie in Auftrag gegeben *(Denconsult 1993).* Die belgischen Medien griffen die Auswirkungen der Altkleiderexporte im Laufe des Jahres 1993 auf *(ITBLAV 1993).* Auch in Österreich beginnt eine Diskussion über die Wirkungen von Altkleiderexporten.

2.2 Verunsicherung der Spenderinnen und Spender

Nachdem sich jahrelang fast niemand intensivere Gedanken darüber gemacht hat, was mit den von ihr und ihm in die Sammeltüten oder Container gesteckten Altkleider eigentlich geschieht, hat 1994 eine in Deutschland von breiten Teilen der Öffentlichkeit wahrgenomme Kontroverse über den Verbleib der gespendeten Altkleider begonnen. Die Diskussionen um die Art und Weise, wie Altkleider sinnvoll und im Sinne der SpenderInnen verwendet werden sollen, haben eine breite Resonanz in der Presse gefunden. Eine Vielzahl von Presseartikeln erschien zum Thema Altkleidersammler und Altkleiderhändler und dutzende Radiointerviews wurden gesendet. Die Zahl der Pressemeldun-

An Lumpen verdient sich's gut
Der Lumpen-Deal
Altkleider-Spenden schaden der Textilindustrie in der Dritten Welt
Kleiderspenden ein lumpiges Geschäft
Alte Kleider – neue Probleme in armen Ländern
Altkleiderimport bedroht Afrikas Textilindustrie
Afrikanische Schneider werden arbeitslos
Kleiderspenden „killen“ Arbeitsplätze
Studie: Die gutgemeinten Gaben aus Europa verändern in der Dritten Welt die Sozialstruktur
Mit Kleidern überschüttet
Bedrohung für Textilindustrie in Entwicklungsländern
Gute Tat mit bösen Folgen
Altkleiderexport bringt Drittwelt-Märkte ins Schleudern
Studie über Nutzen und Schaden des Geschäfts mit Altkleidern
„Südwind“: In Afrika werden Arbeitsplätze vernichtet
Altkleiderexporte schaden Afrika
Besser wegwerfen?
Über Altkleider und die Textilindustrie in der Dritten Welt
Der Deutschen alte Kleider
Folgen des Altkleiderhandels mit der Zweidrittel-W
Afrika braucht Altkleider
Aber: Die Textilindustrie nicht zerstören
Über 100 deutsche Firmen sammeln kommerziell
Die schwarzen Schafe verderben das Image

gen, die sich allgemein mit dem Altkleidermarkt beschäftigten, läßt sich inzwischen nicht einmal mehr realistisch schätzen.

Diese Presseresonanz wird so bald nicht zu Ende sein. Dabei sind die Meldungen teilweise wiedersprüchlich. Während einige über die entwicklungspolitischen Schäden der Altkleiderexporte berichten, bestreiten andere diese Schäden und loben die ökologischen Aspekte des Sammelns von Altkleidern. Der »Fachverband Textilrohstoffe«, in dem sich viele der am Altkleiderhandel beteiligten Firmen zusammengeschlossen haben, hat ebenso wie einige auf dem Markt tätige Firmen angekündigt, vermehrt mit den eigenen Leistungen an die Öffentlichkeit zu gehen und praktiziert dies bereits. Im Oktober 1995 erschien zudem ein Film, der die Altkleiderexporte aus der Sicht der Betroffenen in Afrika beleuchtet (siehe Medienhinweise am Ende der Studie).

Die karitativen Organisationen beginnen, ihre jeweiligen Konzepte offensiver als bisher zu vermarkten. MedienvertreterInnen werden nach dem Bekanntgeben alternativer Konzepte versuchen, die Unglaubwürdigkeiten einzelner Verbände auszuschlachten, was Anlaß zu weiteren Berichten bieten wird. Gleichzeitig rufen Kommunen dazu auf, mehr Altkleider zu sammeln, um so den Anteil der Textilien am Hausmüllaufkommen zu senken und Deponiekosten zu sparen. Daher werden auch sie Werbung machen, um mehr Altkleider den Sammlungen zuzuführen und aufmerksamer den Müll zu sortieren. Zu vermuten ist auch, daß die Bekleidungshersteller die Sammlung und Wiederverwertung von textilen Rohstoffen zunehmend als Marketing-Instrument entdecken. Die von einigen Herstellern entwickelten Konzepte einer ökologischeren Art der Produktion von Bekleidung werden erst dann glaubhaft, wenn sie sich auch um die Entsorgung ihrer Produkte kümmern und Rohstoffkreisläufe aufbauen. Sie werden dazu auch von den Verbraucherverbänden gedrängt.

Die Folge davon ist die Verunsicherung der Spenderinnen und Spender von Altkleidern. Wem sollen sie ihre Altkleider eigentlich noch geben? Welches Konzept der Altkleidervermarktung ist das bessere? Und wie sollen die unterschiedlichen Entwicklungen auf dem Markt durchschaut und bewertet werden?

2.3 Gleichgültigkeit der SpenderInnen?

Von den kommerziellen Altkleiderverwertern und neuerdings auch dem Deutschen Roten Kreuz (DRK) wird immer wieder betont, die SpenderInnen sähen in der Abgabe der Altkleider in erster Linie einen Akt der Müllentsorgung *(Hanack 1995)*. Diese Argumentation ist äußerst fragwürdig. Eine Umfrage in Aachen ergab, daß dort sehr viele Menschen ihre Altkleider bewußt an karitative Organisationen abgeben. »Der Wunsch zu spenden oder humanitäre Hilfe zu leisten, ist stark ausgeprägt.« *(May 1994, 89)*. Weiterhin liegt eine Vielzahl von Aussagen vor, die besagen, bei den von karitativen Organisationen durchgeführten Straßen- und Containersammlungen seien die Menge und die Qualität der Waren wesentlich besser als bei den kommerziellen Sammlungen. Dies läßt den Schluß zu, die Abgabe der guten Ware an die als karitativ erkennbaren Sammlungen sei eine bewußte Entscheidung der SpenderInnen.

Zudem konnte der Verfasser in Köln beobachten, daß in seinem zur Beobachtung ausgewählten Stadtteil bei den alle zwei bis drei Monate stattfindenden karitativen Straßensammlungen wesentlich mehr Säcke vor den Türen stehen als bei den alle zwei Wochen stattfindenden kommerziellen Sammlungen. Bei einer karitativen Sammlung Mitte März 1995 etwa standen etwa die siebenfache Anzahl von Säcken vor den Türen verglichen mit der kommerziellen Sammlung circa drei Wochen zuvor. Auch die Reaktionen vieler SpenderInnen während öffentlicher Diskussionsveranstaltungen belegen ein breites Interesse am Verbleib der Ware.

Hier kann auch auf Erfahrungen aus anderen Bereichen zurückgegriffen werden. Umfragen ergaben ein hohes Interesse der VerbraucherInnen hinsichtlich Informationen über die Firmen, bei denen sie ihre Waren kaufen (imug 1994). Wie empfindlich auf den Vorwurf schlampiger oder undurchsichtiger Arbeit durch karitative Organisationen mittlerweile reagiert wird, zeigt der Einbruch des Spendenaufkommens bei der Organisation CARE nach Bekanntwerden der diversen Pannen und Fehler bei deren Aktion in Ruanda.

Aufmerksam wahrgenommen wird die Bewertung der einzelnen von Spenden abhängigen Organisationen, die das »Deutsche Zentralinstitut für soziale Fragen« (DZI) seit einigen Jahren vornimmt. Mittlerweile genießt das Siegel dieses »Spenden-TÜVs« breites Ansehen und wird zum Kriterium, wer die Spendengelder bekommt. Organisationen, die vom DZI das Siegel erhielten, verzeichneten steigende Spendenaufkommen. Umgekehrt kam es bei vom DZI kritisierten Organisationen zu Spendeneinbrüchen.

In einer Studie zum Thema Fund Raising wird unter Verweis auf Umfragen und eine weitere Studie festgehalten, eine Organisation, die auf Spenden angewiesen sei, müßte drei Voraussetzungen erfüllen: Die »Transparenz der Verwaltung, mehr Einfluß des Spenders auf die Verwendung des Geldes und die Nachvollziehbarkeit des Spendenweges.« *(Schöffmann 1993, 18)*

Eben dies können auch die Spenderinnen und Spender der Altkleider fordern: Auskunft über den Verbleib der Altkleider, die Nachvollziehbarkeit der Verkaufswege und Auskünfte, wer an diesem Geschäft verdient und wem geschadet wird.

2.4 Reaktionen der EntwicklungspolitikerInnen

Nicht nur Presse und Öffentlichkeit diskutieren über die Problematik der Altkleiderexporte. Auch VertreterInnen staatlicher Behörden und der Regierung haben sich wiederholt zu dem Thema geäußert. Kritische Anmerkungen waren aus dem Bundesumweltamt bereits vor einigen Jahren zu hören. Im Oktober 1991 erwähnte Dr. Heinrich Freiherr von Lersner, Präsident des Berliner Bundesumweltamtes, die Problematik der Altkleiderexporte auf einer Tagung zum Thema »Ökologie in der textilen Kette« in Hohenstein: »Der Export von Altkleidern hat allerdings – so einleuchtend seine caritative Bedeutung ist – durchaus auch Nachteile für das Handwerk der aufnehmenden Staaten. Wir sollten darauf achten, daß die exportierten Altkleider nur den wirklich Bedürftigen zugute kommen.« *(Lersner 1992, 23).*

Vor dem »Ausschuß für wirtschaftliche Zusammenarbeit« (AwZ) des deutschen Bundestages stellte der Staatssekretär im Bundesministerium für wirtschaftliche Zusammenarbeit und Entwicklung (BMZ), Wighard Härdtl, die Altkleider-Studie von SÜDWIND vor und kam laut Protokoll zu folgender Einschätzung der Altkleiderexporte:

»Für die jeweilige heimische Textilindustrie sei dies offenkundig 'sehr abträglich'. (...) Das BMZ unterstütze daher in keiner Weise Altkleidersammlungen.« *(Ausschuß für wirtschaftliche Zusammenarbeit 1994).* Die Ablehnung der Altkleiderexporte durch den Ausschuß mündete jedoch bisher nicht in den Vorschlag konkreter Handlungsschritte gegen weitere Exporte.

Auszüge aus dem Protokoll der Sitzung des Ausschusses für wirtschaftliche Zusammenarbeit vom 13.4.1994:

Sts (Staatssekretär, Anmerkung d. Verfassers) Härdtl berichtete, Altkleidersammlungen seien aus entwicklungspolitischer Sicht ins Gerede gekommen. (...)

In den Entwicklungsländern träten durch die Lieferung von Altkleidern ähnliche Effekte auf wie bei der Lieferung verbilligten Rindfleisches aus EG-Beständen: Sie könnten auf afrikanischen Märkten zu konkurrenzlos billigen Preisen angeboten werden. Für die jeweilige heimische Textilindustrie sei dies offenkundig »sehr abträglich«. Absatzschwierigkeiten ergäben sich daraus auch für BMZ-geförderte Institutionen wie z. B. für eine Weberei in Kamerun.

Das BMZ unterstützte daher in keiner Weise Altkleidersammlungen. Man sei im Gegenteil sehr froh, daß der Caritas-Verband jetzt auf Altkleidersammlungen zugunsten von Entwicklungsländern verzichte. Mit den anderen Organisationen sei hinsichtlich eines analogen Verhaltens noch zu sprechen, wobei nicht verkannt werden dürfe, daß Altkleidersammlungen für die Hilfsorganisationen eine wichtige Finanzierungsquelle seien. (...)

Abg. Frau Dr. Blunk (Lübeck) berichtet, sie habe in Kenia eine mit deutscher Entwicklungszusammenarbeit geförderte Textilfabrik besichtigt und als deren Hauptproblem festgestellt: »Textil-Schmuggelei« aus Asien sowie Altkleiderimporte aus Europa und den USA. Es stimme nicht, daß Altkleidersammlungen – wie propagiert – »den Ärmsten der Armen« zugute kämen. Auch der Fahrer des deutschen Botschafters in Kenia, der keineswegs dieser Kategorie zuzurechnen sei, versorge sich auf dem Altkleidermarkt mit Textilien und nicht etwa dort, wo im Lande selbst hergestellte Produkte verkauft würden. Altkleidersammlungen in Europa und USA bewirkten mithin, daß in den Entwicklungsländern die »Mittelschicht« als Kundschaft des heimischen Textil- und Schneidergewerbes verloren gehe, weil auch sie ihren Bedarf auf den Altkleidermärkten decke.

Eine wirtschaftliche Katastrophe dieser Branchen sei absehbar, wenn die Industrieländer diese Praxis fortsetzten. (...)

Der Vorsitzende bemerkt, festzuhalten sei, daß Förderung von Altkleidersammlungen aus entwicklungspolitischer Sicht nicht in Betracht kommen könne. Dies sei sowohl Sichtweise des Ausschusses als auch die des BMZ. Die Praxis zeige, daß negative Folgen in einzelnen Entwicklungsländern aufträten, hierauf habe der AwZ nachdrücklich hinzuweisen. Unabhängig hiervon gebiete es der schonende Umgang mit Ressourcen, diese – wo immer mögliche – zu recyceln. – Er halte Zustimmung des AwZ zu den Ausführungen Sts. Härdtls fest.

Öffentlich klar Stellung gegen Altkleiderexporte bezog Härdtl auch in einem Radiointerview: »Wir haben uns bemüht, entwicklungspolitisch einen Textilmarkt aufzubauen, auch durch Entwicklungsgelder, und diese Märkte machen eine Textilindustrie kaputt. Und man muß sehen, wenn wie in Kamerun beispielsweise 10.000 Menschen in der Textilindustrie dort beschäftigt sind, hängen daran etwa 100.000 Menschen, die damit keine Möglichkeit mehr haben, einem Broterwerb nachzugehen. Insofern sind gute Taten, nämlich zu sagen, ich spende alte Kleider für die Dritte Welt, in der entwicklungspolitischen Wirkung negativ« *(Härdtl 1994).*

Dr. Michaela Blunk, damals F.D.P.-Abgeordnete und in ihrer Partei für die Diskussionen um die Entwicklungspolitik in Afrika zuständig, gab eine Presseerklärung mit dem Titel »Altkleiderexport äusserst problematisch« heraus *(Blunk 1994).* Frau Blunk hat in der Presse mehrfach gegen Altkleiderexporte Stellung bezogen und darüber mit dem Fachverband Textilrohstoffe und dem DRK korrespondiert.

Die Altkleiderexporte drohen teilweise neben der bestehenden Textil- und Bekleidungsindustrie Entwicklungsprojekte des BMZ und der »Gesellschaft für technische Zusammenarbeit« (gtz), die große Teile der staatlichen personellen und technischen Entwicklungshilfe abwickelt, zu zerstören. Vor allem die gtz arbeitet auch im Textilsektor und ließ Studien über einzelne Textilbetriebe erstellen. Die der gtz angegliederte Firma Protrade etwa berät Textil- und Bekleidungshersteller einzelner Länder. Ziel ist, durch Produktivitätssteigerungen, besseres Design und die Einhaltung internationaler Standards die Exportfähigkeit der Betriebe zu steigern *(Protrade 1994).*

BMZ und Auswärtiges Amt haben außerdem eine Umfrage an die deutschen Botschaften in afrikanischen Staaten darüber gestartet, wie dort die Wirkungen der Altkleider eingeschätzt werden.

Scharf Stellung bezogen hat gleich mehrfach der Entwicklungsexperte Paul Alexander Schulz, der mit seinen Ideen bei verschiedenen Verbänden und Politikern vorstellig wurde.

Der Volkswirt und Agrarökonom Schulz, der seit mehr als 25 Jahren als Berater in der Entwicklungshilfe arbeitet, schrieb schon 1992:

»Zunächst ist die Behauptung, in Länder mit Textilindustrie würde keine Altkleidung geliefert, eine grobe Unwahrheit. Ich habe in über 25 Ländern Afrikas und Lateinamerikas gearbeitet und bin stets auf gespendete europäische Altkleidung bei der Bevölkerung gestoßen. Der größte Teil dieser Länder verfügte über die Voraussetzungen für den Baumwollanbau und damit über einen (nachwachsenden und ökologisch einwandfreien) Rohstoff für die Textilindustrie. Von der eigenen Rohstoffbasis aber völlig unabhängig ist die Konfektionsindustrie, welche aus Textilien Bekleidung herstellt. In allen afrikanischen Ländern gibt es seit Jahrzehnten eine handwerkliche Konfektionsindustrie, die teils aus selbstgewobenen Textilien, teils aus importierten ostasiatischen Stoffen Bekleidung herstellt. Das gleiche gilt von den Ländern Ostasiens und des Orients. Man kann also im Gegenteil feststellen, daß unsere Kleiderspenden in allen Ländern der Welt schädlich sind und die lokale Eigenproduktion substituieren.« *(Schulz 1992, 28–29)*. Schulz argumentiert weiterhin vehement gegen jede Form des Exportes von Altkleidern. Zwar formulieren nicht alle KritikerInnen so scharf wie er, doch die Ablehnung der Altkleiderexporte durch EntwicklungspolitikerInnen wird anhand der zitierten Aussagen deutlich erkennbar.

2.5 Unterschiedliche Reaktionen der karitativen Verbände

Seit der von SÜDWIND organisierten Akademie-Tagung in Mülheim/Ruhr im November 1993, bei der mehr als 30 VertreterInnen von am Altkleiderhandel beteiligten kommerziellen Firmen und karitativen Organisationen teilnahmen, riß der Dialog mit einigen der Betroffenen nicht ab. SÜDWIND lud auf Anregung von Teilnehmenden im Laufe des Jahres 1994 zu drei weiteren Konsultationen ein, bei denen mit VertreterInnen karitativer Organisationen über mögliche Änderungen bei der Vermarktung der Altkleider diskutiert wurde. Die VertreterInnen kommerzieller Unternehmen wurden zu diesen Veranstaltungen nicht mehr eingeladen, da eine Lösung mit denjenigen gesucht werden muß, bei denen ein entwicklungspolitisches Interesse vorausgesetzt werden kann: Die kommerziellen Unternehmen berufen sich bei ihren Exporten auf den freien Weltmarkt und lehnen jede soziale Verantwortung für die Folgen der Exporte ab. Sie fühlen sich in erster Linie der Gewinnmaximierung verpflichtet, nicht dem Prinzip der Hilfe oder anderen ethisch begründeten Motiven.

Karitative Organisationen dagegen wurden nicht gegründet, um möglichst große Gewinne zu erwirtschaften. Ihnen wurden soziale Aufgaben zugedacht. Und um diese Aufgaben erfüllen zu können, genießen sie teilweise Steuervorteile, bekommen teilweise Zuschüsse aus der Staatskasse und/oder kirchlichen Mitteln, erhalten Spenden und profitieren von ehrenamtlichen HelferInnen. Sie waren die Ansprechpartner bei den Diskussionen über eine Veränderung der Vermarktungswege der Altkleider, da sie sich eben nicht auf den freien Weltmarkt berufen können und von ihrem gesamten Eigenverständnis her auf eine Vermeidung aller möglichen aus ihren Aktivitäten resultierenden Schäden hinarbeiten müßten.

Es zeigte sich bald, daß nur wenige karitative Organisationen bereit sind, über die Folgen ihrer Geschäfte zu reden. Die an circa 50 Organisationen verschickten Einladungen wurden nur von einem kleinen Teil der Organisationen aufgegriffen, und zu den Tagungen kamen jeweils 10 bis 15 TeilnehmerInnen. Bald bildete sich ein »harter Kern« von gesprächsbereiten Organisationen, während einige TeilnehmerInnen bei den Gesprächen nur schweigend zuhörten. Es drängte sich der Eindruck auf, letztere würden zuhören, Interessantes mitnehmen, ansonsten abwarten – und mit Altkleidern weiter Geld verdienen.

Mit den dialogbereiten Organisationen kam es dagegen bald zu sehr konkreten und produktiven Auseinandersetzungen. Auf der einen Seite stand die Kritik am Altkleiderexport, von dem diese Organisationen indirekt profitieren, auf der anderen Seite benötigen die Organisationen die Einnahmen aus dem Altkleidergeschäft, um die Finanzierung vieler sinnvoller und wichtiger Projekte zu gewährleisten. Einigkeit herrschte trotz aller Probleme darüber, daß ein Rückzug der karitativen Organisationen aus dem Altkleidergeschäft niemandem helfen würde: Die kommerziellen Unternehmen könnten dann den Markt übernehmen und der Export würde nicht eingeschränkt. Gesucht wurden daher Lösungen, mit denen die karitativen Organisationen am Markt bleiben und weiter Geld verdienen können, die jedoch die Exporte ausschließen.

Wie ernst die dialogbereiten Gruppen die Suche nach Veränderungen auf dem Altkleidermarkt nehmen, zeigt sich daran, daß acht von ihnen[6] bei SÜDWIND eine Studie in Auftrag gaben über zu erwartende Entwicklungen auf dem Altkleidermarkt und Konzeptansätze für die Veränderung der Vermarktung. Teile des vorliegenden Textes bauen auf den Daten auf, die für diese Studie erarbeitet wurden.

Eine Reihe dieser Organisationen übernahm auch die Initiative bei der Gründung einer Dachorganisation mit dem Namen »FairWertung«, die neue Wege der Vermarktung der Altkleider aufbauen will und allen karitativen Organisationen offen steht (näheres siehe im Kapitel zu FairWertung).

2.6 Massive Gegenreaktionen der Altkleiderexporteure

Die Kritik am Export von Altkleidern wird von einer Reihe kommerzieller Altkleiderhändler scharf angegriffen. Die Argumente der Exporteure münden in der Behauptung, es gebe »in Afrika« keine Textil- und Bekleidungsindustrie und folglich könnten auch keine Arbeitsplätze zerstört werden. Hermann Köhnenkamp von der EFIBA-Handelsgesellschaft, die einen großen Teil der vom Deutschen Roten Kreuz gesammelten Altkleider aufkauft und inzwischen über Beteiligungen teilweise im Besitz des RWE-Konzerns ist: »Es handelt sich lediglich um eine Kampagne der Organisation 'Südwind'. Die Aktion entbehrt jeder Seriösität.« Über den afrikanischen Kontinent sagte er: »Von einer Industrie dort kann keine Rede sein. Eher von einzelnen Nähstuben. Die sogenannte Textilproduktion Afrikas macht nur 0,9 Prozent im Weltmaßstab aus.« (...) Neue »afrikanische Kleiderfabriken hätten gegen die Billiganbieter aus Asien – etwa aus Hongkong – keine Chance. Ich befürchte, man würde sich auf dem Weltmarkt nicht behaupten können. Geld da hineinzupumpen, wäre eine Fehlinvestition.« *(magdeburg report 4.3.1995)*. Auch die Firma Schepke stellt fest: »Fraglich ist zudem, inwieweit die vereinzelten traditionellen, einheimischen Bekleidungshersteller den Bedürfnissen der Bevölkerung, mit einem hohen Anteil junger Menschen, den Ansprüchen und deren persönlichen

---

[6] Dies waren: CAJ e. V. Münster; CAJ-Bundesverband, Essen; KAB-Diözesanverband Aachen; KAB Bezirksverband Recklinghausen; Aktion Hoffnung, Rottenburg-Stuttgart; Aktion Hoffnung, Augsburg; Von Bodelschwinghsche Anstalten, Bethel; Caritas der Diözese Feldkirch/Österreich.

Geschmack gerecht werden.« *(Schepke 1995)*. Auch für Schepke gibt es demnach nur vereinzelt traditionelle Hersteller.

Schärfer noch formuliert die Ende November 1994 in Frankfurt von mittelständischen Unternehmen gegründete Sekundär-Textil-Marketing AG (STM). Vier Seiten der auf einer Pressekonferenz Mitte Januar in Bonn verteilten Papiere beschäftigen sich ausschließlich mit den Diskussionen in der Öffentlichkeit um Sinn und Unsinn von Altkleiderexporten. Dort heißt es dazu: »Ursache ist hauptsächlich eine sogenannte Studie von 'Südwind' – nomen est omen: viel heiße Luft. Südwinde sind meistens heiß. Heiß ist in jedem Fall die Tatsache, daß wenn man diese 'Studie' genau lesen würde, und die meisten haben dies lt. eigenen Aussagen nicht getan, man am Ende völlig verwirrt ist.« In Afrika und in Osteuropa seien Altkleider sehr begehrt: »Was wurde und wird Touristen zuerst geklaut? Jeans und T-Shirts, Westkleidung also, und Kofferradios. Reisende und Versicherungen können unendliche Geschichten erzählen.« Zu den Kunden der afrikanischen Schneider heißt es dort: »Leisten kann sich diese nur der wohlhabende, oft korrupte Bürokrat.« *(STM 1995)*.

In der polemisch gehaltenen Presseerklärung werden Satzteile aus der SÜDWIND-Studie »Der Deutschen alte Kleider« aus dem Zusammenhang herausgerissen und »widerlegt«. Interessanterweise werden sogar Zahlen widerlegt, die gar nicht in der Studie zu finden sind. So heißt es mit dem Verweis »Seiten 44–45: Wie sollen 425.819 t Gebrauchtkleidung exportiert werden, wenn nur ca. 300.000 t, mit 10 % Abfall und allen unbrauchbaren Textilien, gesammelt werden?« Der Leser und die Leserin kann leicht nachprüfen, daß die Angabe 425.819 Tonnen weder auf den Seiten 44 oder 45 noch sonst irgendwo in »Der Deutschen alte Kleider« zu finden ist.

Mit Verweis auf Seite 74 wird bestritten, in Ghana würden auch Pelzmäntel und Handschuhe verkauft. Mal abgesehen davon, daß der Satz nur verstümmelt zitiert wird, kann die Frage der STM »Was sind das für seriöse Quellen?« sehr einfach beantwortet werden: Es wird als Quelle in der Fußnote auf der gleichen Seite eine in Ghana verfertigte Studie angegeben. Zudem kann der Leser und die Leserin das auf der nächsten Seite stehende Foto, das auf dem Altkleidermarkt der ghanaischen Hauptstadt Accra aufgenommen wurde, als weiteren Beleg ansehen. Diese Ausführungen ließen sich beliebig fortsetzen, da nahezu jede »Widerlegung« der STM relativ einfach zu widerlegen ist.

Presseerklärungen wie diese zeigen, daß die kommerziellen Händler härter gegen KritikerInnen vorgehen und dabei auch vor Entstellungen und Verzer-

Foto: medusa-film

Altkleidermarkt in Accra/Ghana

rungen von Aussagen nicht halt machen. Zentraler Punkt all dieser Äußerungen ist die Behauptung, es gebe »in Afrika« keine Arbeitsplätze in der Textil- und Bekleidungsindustrie. Daher soll der Widerlegung dieser Thesen ein eigenes Kapitel gewidmet werden. Immer wieder kamen bei Diskussionen auch rassistische Vorurteile zum Vorschein.

2.7 Exkurs: Rassistische Diskurse in der Diskussion um Altkleider

Die Einteilung der Menschen in verschiedene »Rassen«[7], denen neben äußerlichen Merkmalen auch feststehende und unveränderliche charakterliche Eigenschaften zugeteilt wurden – was die eigentliche Kernaussage des Rassismus ausmacht – entstand vor dem Hintergrund der Unter-

[7] Die Einteilung der Menschen in »Rassen« ist sehr umstritten. In dem kürzlich erschienenen Buch belegt der Genetiker Luca Cavalli-Sforza erneut, daß auf der Grundlage der Gene keine unterschiedlichen Menschen-»Rassen« existieren: Die Erbanlagen zweier großer blonder Deutscher aus dem gleichen Dorf können stärker differieren als die Gene eines dieser beiden Deutschen und denen eines Pygmäen aus Zaire! *(Cavalli-Sforza 1995.)*

werfung nahezu der ganze Erde durch die europäischen Kolonialmächte, des Völkermordes an den Unterworfenen und der Sklaverei. All dies geschah, während gleichzeitig in Europa und den USA für die Durchsetzung der Menschenrechte, die Demokratie und die Einführung von Staatsverfassungen gestritten wurde. Jean Paul Satre hat in seiner Essaysammlung »Kolonialismus und Neokolonialismus« die Bedeutung der ab dem 16. Jahrhundert entstehenden »Rassentheorien« folgendermaßen zusammengefaßt: »Weil keiner seinesgleichen ausplündern, unterjochen und töten kann, ohne ein Verbrechen zu begehen, erheben sie es zum Prinzip, daß der Kolonisierte kein Mensch ist.« Ende des 18. Jahrhunderts wurde propagiert, Menschen schwarzer Hautfarbe seien von Natur aus faul, undiszipliniert und unfähig. Zeitgleich wurden durch »zivilisierte« Europäer Millionen Afrikaner versklavt und umgebracht, ihre Kulturen zerstört, ihre Heimatstaaten unterjocht und ausgeplündert *(Hütz 1995)*.

Dies wirkt heute noch nach. Solche Denkkategorien sitzen oftmals immer noch unreflektiert in unseren Köpfen und werden von den Medien oftmals verstärkt. Meine Generation lernte den afrikanischen Kontinent in Form von Hoolywoodfilmen – genannt seien nur die »Tarzan«-Streifen und die Serie »Daktari« – kennen: Ein rückständiger Kontinent voller wilder Tiere und Menschen, die ohne Anleitung von (weißen) Europäern ihr Leben nicht meistern können. Dazu kommt die Berichterstattung der Nachrichten. Gemeldet werden fast nur die Katastrophen. Jedes Kind kann wissen, was in Somalia und Ruanda passiert. Zuvor waren es Liberia, Äthiopien, Angola, Mosambik, noch länger zurück die Hungersnot in der Sahelzone und der Biafrakrieg. Krieg, Chaos und Rückständigkeit sind die ersten Assoziationen, die sich für viele Menschen mit dem Gedanken an den afrikanischen Kontinent verbinden.

Wer reflektiert dagegen, daß sich gerade in der Zeit des Kalten Krieges oftmals Gruppen bekämpften, von denen die eine vom »Westen«, die andere vom »Osten« mit Waffen, Geld und Beratern unterstützt wurde? Wer hat wahrgenommen, daß in vielen afrikanischen Staaten zur Zeit eine Welle der Demokratisierung vor sich geht. Noch 1990 »gab es ganze sechs Staaten mit einem demokratischen Mehrparteiensystem. Im Juni 1994 zählte die Weltbank 29 solcher Staaten.« *(Sommer 1995.)* Daß auch Vordenker im deutschen Parlament überlegen, wie in Zukunft Entwicklungspolitik so gestaltet werden kann, daß sie endlich den Menschen hilft und nicht mehr nur am Ausbau der eigenen Machtpositionen und Wirtschaftsinteressen orientiert ist, wie es im Zuge des Kalten Krieges gang und gäbe war? *(Hütz 1994.)*

Die Diskussionen um Sinn und Unsinn der Altkleider wurden durch das in Deutschland vorherrschende Bild des afrikanischen Kontinentes mit geprägt. Mehr oder minder direkt lag bei Diskussionsveranstaltungen immer wieder die Frage in der Luft: »Können Afrikaner überhaupt Kleidung herstellen?« Als Antwort auf die Anmerkung in der SÜDWIND-Studie »Der Deutschen alte Kleider«, die Textil- und Bekleidungsproduktion könnte für einige afrikanische Staaten einen ähnlichen Schritt in Richtung Industrialisierung bedeuten wie für einige asiatische Staaten, schrieb beispielsweise die STM-AG in einer Presseerklärung: »Vergleich zwischen Asien und Afrika ist unrealistisch. Asiaten haben andere Mentalität und leben in einem klimatisch viel besseren Gebiet der Erde.« *(STM 1995).*

Der klimatische Vergleich ist interessegeleitet und falsch: In den Textilzentren Indiens, Indonesiens, Pakistans oder Thailands ist es nicht weniger heiß und feucht als in vielen Gebieten Afrikas. Und wieso passen zur afrikanischen »Mentalität« eher »Nähstuben« und veraltete Fabriken als moderne, teilweise computergesteuerte Maschinen und eine hohe Produktivität?

Diese Vorurteile – seien sie nun die Übernahme der einseitigen Medienberichte oder durch unreflektierte, rassistisch geprägte Gedankengänge entstanden – wurden von SÜDWIND in dieser Form nicht erwartet. Bei Abfassung von »Der Deutschen alte Kleider« ist der Autor dieser Zeilen gar nicht auf die Idee gekommen, es könnte notwendig sein zu belegen, daß es in einigen afrikanischen Staaten eine Textil- und Bekleidungsindustrie gab und gibt. Und daß die dort arbeitenden Menschen – man (und frau) höre und staune – auch noch konkurrenzfähig arbeiten können.

Auch bei Diskussionsveranstaltungen waren immer wieder die Argumente wie »Die Afrikaner haben doch nichts, wenn wir es nicht liefern« und »Wenn keine Altkleider kommen, dann laufen sie nackt herum oder die Asiaten übernehmen den Markt« zu hören. An eine eigenständige Kraft der ProduzentInnen in Afrika scheinen diejenigen, die solche Diskussionsbeiträge leisten, nicht zu glauben oder nicht glauben zu wollen, da dann die eigenen Geschäfte oder die geleistete »Hilfe« hätten überdacht werden müssen.

3. Die Textil- und Bekleidungsindustrie in Sub-Sahara-Afrika

3.1 Zerschlagung der Textil- und Bekleidungsherstellung durch die Kolonialmächte

Die Herstellung von Textilien und »fertiger Bekleidung, insbesondere aus heimischer Baumwolle, hat eine lange Tradition in Sub-Sahara-Afrika, vor allem in Westafrika. Bereits die arabischen Reiseberichte aus dem 9. Jahrhundert erwähnen zunftähnliche Spinner- und Webergemeinschaften sowie einen regen Handel mit Stoffen.« *(Schmeling-Brinkmann 1992, 57.)* Zwischen den mehr als 50 staatenähnlichen Gebilden, die zwischen dem 7. und dem 19. Jahrhundert südlich der Sahara existierten, wurde zum Teil auch mit Textilien und Bekleidung im großen Stil gehandelt.[8] Die im heutigen Nigeria lebenden Haussa stellten noch im 19. Jahrhundert so hochwertige Baumwollstoffe her, daß diese bis hinauf nach Nordafrika als Zahlungsmittel galten *(Michler 1991, 80)*.

Die Kolonialmächte hatten kein Interesse an eigenständigen wirtschaftlichen Aktivitäten in den eroberten Gebieten: »Oberstes Gebot der Kolonialmacht war die wirtschaftliche Nutzung des Territoriums. Zu diesem Zweck wurde eine möglichst funktionierende Infrastruktur eingerichtet; Staatsbetriebe wurden eröffnet, Handelsmonopole zugestanden und an Privatfirmen Schürf- und Produktionsrechte vergeben. Jedwede heimische Konkurrenz, soweit sie bestand oder zu entstehen drohte, wurde verboten oder in den Konkurs getrieben, die lokale Bevölkerung als billige Arbeitskraft rekrutiert und nur für die Hilfstätigkeiten ausgebildet.« *(Weiland 1994, 26.)*

Wie in den anderen Wirtschaftsbereichen begann auch in der afrikanischen Textil- und Bekleidungsproduktion der Niedergang mit der Ankunft der Kolonialmächte. Diese hatten ihre eigene Textilindustrie. Sie wollten ihre Produkte absetzen und zugleich billige Baumwolle beziehen. Die Produktion in den eroberten Ländern wurde bewußt ausgeschaltet. In Mosambik etwa war auf-

[8] Vgl. Michler 1991, 77–83; Ki-Zerbo 1979, 102–436; Bertaux 1966, 11–121.

grund eines Erlasses der portugiesischen Kolonialregierung die Produktion von Textilien und Bekleidung bis 1944 schlicht verboten *(Weinmann 1993, 80)*.

Ein Neuaufbau konnte in vielen Staaten erst nach der Unabhängigkeit beginnen. Die Kolonialmächte hatten »Sub-Sahara-Afrika zum Rohstofflieferanten degradiert, doch inzwischen gibt es in jedem Land wieder eine mehr oder weniger gut funktionierende Textilindustrie – Baumwollspinnereien, 'Pagne'webereien, Produktionsunternehmen für traditionelle Bekleidung und europäische Mode.« *(Schmeling-Brinkmann 1992, 57.)* In vielen afrikanischen Staaten existiert zumindest eine traditionell orientierte Eigenproduktion. Eine Mitte der achtziger Jahre verfaßte Studie stellte fest, daß es 1982 in nahezu jedem afrikanischen Land eine statistisch erfaßte Produktion von Textilfasern und deren Weiterverarbeitung existierte. Der relativ späte Aufbau einer maschinisierten Textilindustrie habe zudem dazu geführt, daß 1984 der Anteil neuer moderner Maschinen am Gesamtmaschinenpark in einigen Ländern Afrikas höher sei als in anderen Teilen der Welt *(Werbeloff 1987, 6 und 7)*.

3.2 Textilindustrie als Chance

Den Ländern der Zweidrittelwelt wurde in einer Reihe von Untersuchungen aus den sechziger und siebziger Jahren gesagt, die »Textilindustrie ist eine der Schlüsselindustrien im Zuge der Industrialisierung eines Landes, insbesondere eines Entwicklungslandes.« Die Textilindustrie galt als ideales Entwicklungsprojekt: Textilien werden immer, in jeder Gesellschaft, dringend benötigt. Gerade für die Länder Afrikas prognostizierten Entwicklungspolitiker deutlich steigende Einkommen und eine dazu überproportional steigende Nachfrage nach Textilien – und somit einen schnell expandierenden Binnenmarkt *(Klümper 1969, 13)*.

Prognosen gingen davon aus, daß die Textilindustrie Exportüberschüsse erzielen könne. Nach dem Vorbild der Industrialisierung Großbritanniens im vorigen Jahrhundert und Japans zu Beginn diesen Jahrhunderts sollte die Textilindustrie zum Motor des Fortschritts werden. In Studien wurde aufgelistet und errechnet, in welchen Produktionszweigen der Textilindustrie insbesondere die Länder Afrikas eine exportorientierte Produktion aufbauen sollten *(Kommission der europäischen Gemeinschaften, 1972)*.

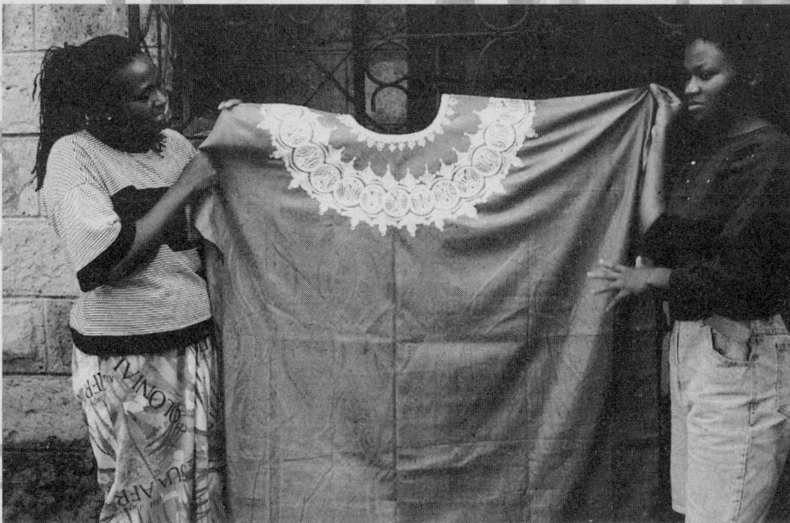

Fotos: medusa-film

Traditionelle Kleidung, gefertigt in Kenia

3.3 Weltbank: »Afrika ist konkurrenzfähig!«

»Afrika ist konkurrenzfähig!« lautete der Titel einer Ende 1994 von der Weltbank veröffentlichten Studie über die Chancen von in afrikanischen Staaten hergestellten Textilien und Bekleidung auf dem US-amerikanischen Markt. Erstellt wurde die Studie, um einen in den letzten Jahren rapide wachsenden Markt in den USA zu erfassen: Insbesondere Afro-AmerikanerInnen tragen zunehmend Kleidung, die an ihre afrikanischen Wurzeln erinnert. Sie kaufen bewußt Ware, der nicht nur die afrikanische Herkunft anzusehen ist, sondern die auch tatsächlich aus Afrika kommt. »Die Authentizität der Produkte – die Tatsache, daß sie aus Afrika stammen – hat sich als wichtigster Punkt beim Verkauf erwiesen.« Zudem sei die Rate nicht afro-amerikanischer Käufer dieser Ware deutlich gestiegen. Die Weltbank schätzt die auf dem Markt für afrikanische Kleidung, Schmuck und Einrichtungsgegenstände möglichen Umsätze auf 200 bis 268 Millionen US-Dollar *(World Bank 1994, 2 und 19).*

Im Dezember 1991 eröffnete JCPenny, eine große US-Handelskette (1992 Umsätze in Höhe von 18 Milliarden US$) 20 Boutiquen in seinen Kaufhäusern, die afrikanische Kleidung, Kunst und Einrichtungsgegenstände aus Senegal und Gambia ausstellten. Zehn Monate später begann eine andere US-Kette, K-mart (1992 Umsätze von 37 Milliarden US$), sein »Authentic African Merchandise Program« in 17 Geschäften. Dieses wurde bis August 1993 auf 44 Geschäfte ausgedehnt. Diesen frühen Versuchen folgten »authentic African« Programme anderer Verkaufshäuser – Montgomery Ward eröffnete Boutiquen in 15 Kaufhäusern und Dayton Hudson in 50 Geschäften.

Afrikanische Designs sind heiß! Die Exportmöglichkeiten der afrikanischen Hersteller in die USA steigen rasant.

Aus: World Bank: Africa Can Compete!, 1994, 5

Im Laufe ihrer Recherchen stellten die Weltbank-Experten fest, daß die großen US-Kaufhäuser nicht nur Kleidung im speziell afrikanischen Design auf dem afrikanischen Kontinent in unterschiedlichen Staaten erwerben, sondern auch Bekleidung mit europäischem Design. Auf diesem Markt sahen die Analysten eine große Chance für eine Reihe von afrikanischen Staaten: »Afrikas Beteiligung am Export von standardisierter Bekleidung in die USA bietet eine exzellente Möglichkeit für Afrika, in einen Bereich der Basisindustrialisierung einzusteigen. Afrikas Konkurrenzvorteil basiert auf den geringen Lohnkosten und dem quotenfreien Zugang auf dem US-Markt.« Der Beginn der Investitionen ausländischer Bekleidungshersteller in Sub-Sahara-Afrika werde ein Katalysator für die weitere Ausbildung der Arbeiter und den Zufluß von weiterem ausländischen Kapital sein. »Die Herstellung standardisierter Bekleidung ist eine mobile, arbeitsintensive und systematische Form der Produktion, die nicht abhängig ist von der Investition großer Mengen Kapitals oder langer Vorbereitungszeiten, um die Produktion zu beginnen.«[9]

Größter Kostenfaktor mit 52 bis 62 Prozent der Gesamtkosten seien die Stoffe, die nahezu weltweit zu fast gleichen Preisen und Qualitäten verfügbar seien. »Daher sind billige Arbeitskräfte der entscheidende Faktor dafür, wo eine Bekleidungsfabrik angesiedelt wird.« (...) »Die Arbeitskosten afrikanischer Arbeiter in Bekleidungsfabriken, die von erfahrenen Managern geführt werden, gleichen denen der asiatischen Konkurrenten.« Auch die Produktivität je Arbeiter und Arbeiterin sei vergleichbar mit der in Asien. *(World Bank 1994, 3).*

Bei der Produktion der Bekleidung spielt es von den Kosten her gesehen nahezu keine Rolle, woher die Stoffe kommen. Die Recherchen ergaben, daß die Tranportkosten des Stoffes eines Hemdes von China nach Kenia bei lediglich 0,15 US$ lagen. Der Weitertransport des fertigen Hemdes in die USA wiederum koste höchstens 0,25 US$ (World Bank 1994, 38).

Diese eher allgemein gehaltenen Thesen haben die Weltbankexperten überprüft, indem sie Hersteller mehrerer afrikanischer Länder aufforderten, ein Angebot für die Produktion eines Herrenhemdes zu unterbreiten. Um einen vergleichbaren Standard zu erreichen, wurden konkrete Vorgaben über die Größe des Hemdes, die Farbe, die Zahl der Taschen und Knöpfe, den Schnitt, die Form des Kragens etc. gemacht. Verglichen wurden die Herstellungspreise afrikanischer Hersteller aus Simbabwe, Kenia, Ghana und dem Senegal mit Herstellern aus dem traditionellen Billigproduktionsland Indien und den Vereinigten Arabischen Emiraten, die in den vergangenen Jahren eine rasch wachsende Bekleidungsproduktion aufgebaut haben.

---

[9] Diese Sicht der Textilindustrie als 'Vorreiterin' der Industrialisierung wird allerdings von einigen Autoren inzwischen kritisch diskutiert. Nach deren Meinung erfordert der Aufbau von textilen Arbeitsplätzen beim heutigen Mechanisierungsgrad doch relativ hohe Investitionen und eine Ausbildung der Arbeiterschaft *(Weinmann 1993, 49–54).*

Deutlich über den Preisen der asiatischen Konkurrenten lag lediglich der Hersteller aus dem Senegal, der seine Stoffe von einem relativ teuren französischen Lieferanten bezieht und dessen Arbeitskosten vor der Abwertung der heimischen Währung Anfang 1994 in US-Dollar umgerechnet deutlich über denen in den Vergleichsstaaten lagen. Alle anderen Hersteller lagen bei Produktionskosten zwischen 5,18 und 5,75 US$ nahezu gleichauf. Einen immensen Vorteil haben die afrikanischen Hersteller jedoch: Sie können ihre Produkte zollfrei in die USA (und auch nach Westeuropa) liefern. Dadurch ist ihre Ware im Endpreis wesentlich billiger als die der vermeintlich übermächtigen Konkurrenz aus Asien (World Bank 1994, 39–41, Details siehe Tabelle).

Kosten der Produktion eines Hemdes in verschiedenen Ländern
(in US$)

Bestandteil	Simbabwe	Kenia	Senegal	Ghana	Indien	VAE
Stoffe	3,28	3,00	4,31	3,18	2,90	2,95
weitere Materialien	0,31	0,40	0,55	0,42	0,39	0,37
Waschen	0,10	0,12	–	0,11	0,12	0,12
Labels/Verpackung	0,16	0,31	0,36	0,36	0,40	0,42
Dir./indir. Arbeit	1,72	1,34	2,36	1,22	1,22	1,60
Transport zum Hafen	0,18	0,20	0,15	0,05	0,15	0,17
Zwischensumme	5,75	5,37	7,73	5,34	5,18	5,63
Zollkosten	keine	keine	keine	keine	3,00	1,50
Alle Kosten	**5,75**	**5,37**	**7,73**	**5,34**	**8,18**	**7,13**

Quelle: World Bank: Africa Can Compete! 1994, 41

Trotz dieser Vorteile: Es bleibt eine große Zahl von Hindernissen auch für die afrikanischen Bekleidungshersteller, die in Reformstaaten wie Ghana und Simbabwe leben. Einzelne Länder kämpfen gleich mit mehreren der von der Weltbank aufgezählten Probleme: Es fehle teilweise an Technologien, Design- und Managementfähigkeiten, die Hersteller verfügten nicht über genügend Informationen, die Banksysteme einzelner Länder funktionieren nicht einwandfrei, die freie Verfügbarkeit über Devisen sei ebenso eingeschränkt wie der Import und Export von Produktionsstoffen, es fehle die Sicherheit der Investitionen und Grundlagen der Infrastruktur (Straßennetz, Telekommunikation etc.).

Dennoch sehen die Weltbankexperten große Chancen im Ausbau der Textil- und Bekleidungsindustrie in einer Reihe von afrikanischen Staaten, und die Weltbank will in Zukunft diesen Ausbau fördern. Dazu fordert sie auch andere Kreditgeber afrikanischer Staaten auf *(World Bank 1994, 55–61)*.

Das Ergebnis straft alle diejenigen Lügen, die an der Konkurrenzfähigkeit der afrikanischen Hersteller zweifeln.

3.4 Strukturanpassungsmaßnahmen und Handelshemmnisse als Belastung

Die Weltbank sagt an dieser Stelle nicht, daß sie selbst teilweise am Niedergang der afrikanischen Textil- und Bekleidungsindustrien mitschuldig ist. Grundvoraussetzung einer Modernisierung der Textil- und Bekleidungsindustrie ist der Kauf leistungsfähiger Maschinen. Diese lassen sich nur gegen Devisen bei den Industrienationen erwerben. Hier beginnt nun das Problem: 1990 liefen in 32 der südlich der Sahara liegenden 45 afrikanischen Staaten Strukturanpassungsprogramme, die von der Weltbank konzipiert wurden *(Taube 1992, 4–15)*. Die kurzfristigen Wirkungen und die langfristigen Ziele der Strukturanpassungsprogramme werden kontrovers diskutiert.[10] Auf die inzwischen ganze Bücherregale füllende Literatur kann an dieser Stelle nicht näher eingegangen werden. Die folgenden Ausführungen beziehen sich ausschließlich auf die zur Zeit in vielen afrikanischen Staaten sichtbaren kurz- und mittelfristigen Auswirkungen der Programme.

Die Textil- und Bekleidungsindustrie ist von Strukturanpassungsprogrammen in der Regel gleich mehrfach betroffen:

- Der Staat muß dringend Schulden zurückzahlen und wird daher möglichst wenige Devisen an einen Industriezweig weiterleiten, der zur Zeit keine Exporte ausweisen kann. Es fehlen somit die finanziellen Mittel, Maschinen oder Ersatzteile zu kaufen, Rohstoffe einzuführen, sowie die Möglichkeit zu Neuinvestitionen, um die Produktion zu modernisieren. Mittel- und langfristig ist dies kontraproduktiv, da der Zusammenbruch der eigenen Textil-

[10] Vgl. Tetzlaff 1992 sowie Hansohm/Kappel 1993. Hier wird der derzeitige Diskussionsstand zusammengefaßt und auf Sekundärliteratur verwiesen. Eine weitere grundlegende Kritik der Weltbankpolitik: George/Sabelli 1995.

und Bekleidungsindustrie zwangsläufig zu höheren Importen und somit zum verstärkten Abfluß von Devisen führt. Doch für ein überschuldetes Land, das sich dazu gezwungen sieht, sofort Devisen zur Bedienung der Auslandsschulden bereitzustellen, zählen zuerst einmal die kurzfristigen Devisenersparnisse.

- Gleichzeitig bricht die Nachfrage weg. Die Reformmaßnahmen führen zu steigender Arbeitslosigkeit. Staatsbedienstete müssen entlassen und unrentabel arbeitende Staatsbetriebe geschlossen werden, um der Forderung der Weltbank nach einer Senkung der Staatsausgaben Folge zu leisten. Zur Bekämpfung der Inflation sollen die Löhne langsamer steigen als die Inflationsrate, was zu Kaufkraftverlusten führt. Mit dem sinkenden Einkommen und der steigenden Arbeitslosigkeit sinkt die Nachfrage nach Konsumgütern und damit nach Kleidern: Wer gerade mal das Nötigste zum Überleben hat, wird für Konsumgüter möglichst wenig Geld ausgeben. Und wenn Importwaren oder Altkleider die billigste Ware am Markt sind, werden sie gekauft, auch wenn sie von schlechter Qualität sind oder den traditionellen Kleidungsgewohnheiten widersprechen.
- Erleichtert wird eine solche Entscheidung durch die ebenfalls von der Weltbank verordneten Importliberalisierung. Nach dem Wegfall bzw. der Senkung der Zölle drängt billige neue und gebrauchte Kleidung ungehindert auf den Markt – und der Absatz der einheimischen Industrie sinkt weiter.[11]

Weiterhin muß sich die Weltbank fragen lassen, mit welchem Recht sie den Ländern der Zweidrittelwelt weitreichende Vorschriften zur Liberaliserung der Wirtschaft und der Importe macht, gleichzeitig jedoch zuläßt, daß die Industrienationen weiterhin in den Weltmarkt eingreifen, um sich eigene Vorteile zu sichern.

Daß die Textil- und Bekleidungsindustrie nicht zu einem Devisenbringer wird, liegt auch an einem Abkommen, das die Industrieländer gegen Konkurrenten aus den Schwellenländern und den Staaten der Zweidrittelwelt durchgesetzt haben. Als in den siebziger Jahren zuerst Japan, dann auch Taiwan, Korea, Hongkong, China und Singapur zunehmend Textilien und Kleidungsstücke in die EG und die USA exportierten, mußten sie 1974 das »Welttextilabkommen« (WTA), auch »Multifaserabkommen« (MFA) genannt, unterzeich-

---

[11] Vgl. Mytelka 1985, S. 100–101, der das Ineinanderwirken dieser Mechanismen am Beispiel der Elfenbeinküste beschreibt.

nen, in dem sie sich zu einer deutlichen Reduzierung ihrer Exporte verpflichteten *(Hamilton 1989)*.

Obwohl solch ein Vertrag den Bekenntnissen der Industrienationen zum freien und fairen Welthandel widerspricht, wurde er durchgesetzt, um vor allem in der EG Arbeitsplätze zu sichern – Arbeitsplätze, die auf dem freien Markt eigentlich gar keine Existenzchancen mehr haben, da die Produktionskosten zu hoch sind. In den Vertragstexten ist von einem »Selbstbeschränkungsabkommen« die Rede. Die Länder der Zweidrittelwelt und die Schwellenländer verpflichten sich, weniger zu exportieren. Offizielle Importbeschränkungen gibt es nicht, nur »freiwillige« Exporthöchstgrenzen. Im Text des MFA wird als oberstes Ziel »die Ausweitung des Textilhandels bei gleichzeitiger Verringerung der Handelsrestriktionen in diesem Bereich« angegeben *(Weltbank 1981, 32)*. Gablers Wirtschaftslexikon stellt dazu lapidar fest: »De facto stellt das Welttextilabkommen eine protektionistische Beschränkung des Freihandels zu Lasten der Entwicklungsländer dar.« *(Gablers 1988, 2647)*

Die Verluste der Entwicklungsländer liegen im zweistelligen Milliardenbereich. Die Wirtschaftsexperten der Vereinten Nationen gehen davon aus, daß »die Aufhebung des Welttextilabkommens das Exportvolumen des Südens jährlich um ca. 24 Mrd. US Dollar erhöhen« könnte *(Klemp/Reddies, 8)*. Andere Quellen sprechen sogar von mehr als 50 Milliarden US-Dollar *(Koffi 1994, 37)*. Indien hofft, nach der wahrscheinlich 1995 beginnenden Lockerung des WTA seine Exporte von derzeit 4 Milliarden US-Dollar auf bis zu 20 Milliarden US-Dollar pro Jahr steigern zu können *(Böll 1994, 7)*.

Das WTA wurde mehrfach neu formuliert, verschärft und erweitert: Sobald ein neuer Textilproduzent auf dem Markt auftaucht und zur Konkurrenz zu werden droht, muß auch er das Abkommen unterzeichnen. Inzwischen umfaßt es 54 Länder *(Fischer 1993, 1028)*. Ungefähr vierzig Prozent des Welthandels mit Textilien und Bekleidung sind vom Abkommen betroffen *(Kaiser/Wagner 1991, 326)*.

Im Rahmen der neuen Weltwirtschaftsabkommen sollen die Importbeschränkungen binnen 10 Jahren bis 2005 auslaufen. Zur Zeit beginnt die Diskussion darüber, wie sich dieser Abbau des Protektionismus weltweit auswirken wird. Aus der Zweidrittelwelt werden zunehmend Befürchtungen laut, an die Stelle der alten Handelsbeschränkungen würden neue verdeckte Maßnahmen treten. Insbesondere die neuerdings von den Industrienationen in die breitere Diskussion gebrachten Forderungen nach dem Verbot des Importes von unter sozial und/oder ökologisch bedenklichen Umständen hergestellter Bekleidung kann einerseits zur dringend erforderlichen Verbesserung der Produktionsbedingungen in der Zweidrittelwelt führen, andererseits jedoch auch mißbraucht werden, konkurrenzfähige Produkte von den Märkten der Industrienationen fernzuhalten.

3.5 Hunderttausende Beschäftigte in der afrikanischen Textil- und Bekleidungsindustrie

Natürlich können diese Ergebnisse der oben angeführten Weltbankuntersuchung nicht auf alle Staaten des afrikanischen Kontinentes übertragen werden. Es ist unmöglich, von Industrien »in Afrika« zu reden: In der Tat gibt es nicht in jedem der mehr als 50 Staaten Afrikas eine international wettbewerbsfähige Textil- und Bekleidungsindustrie. Ist diese nicht vorhanden, kann dies verschiedene Ursachen haben:

- Es sind keine Produktionsbetriebe entstanden, da es in diesem Land nicht sinnvoll ist, Textilien herzustellen. Die Gründe dafür können einerseits in der Importabhängigkeit bei Rohstoffen und Maschinen liegen, andererseits darin begründet sein, daß dieses Land traditionell seine Textilien einführte und somit über keine ausgebildete potentielle Produzentenschicht verfügt.
- Es existierte eine Eigenproduktion, die erst durch die Altkleiderimporte vernichtet wurde.
- Es existierte eine Eigenproduktion, die jedoch aufgrund der verschärften Konkurrenz auf dem Weltmarkt nicht mehr konkurrenzfähig war.
- Die Eigenproduktion kam durch Befreiungs- und/oder Bürgerkriege zum erliegen.

Viele Probleme afrikanischer Textil- und Bekleidungsproduktionsländer sind zudem das Ergebnis interner Entwicklungshemmnisse:

- Keine Förderung der Unternehmer,
- schlechte Infrastruktur,
- hohe Zölle und Steuern auf Rohstoffeinfuhren und/oder

- zu geringe Zölle und Steuern auf Textilimporte,
- kein funktionierendes Ausbildungssystem,
- kein leistungsfähiges Bankensystem,
- Rechtsunsicherheit.

Diese Punkte werden von Altkleiderexporteuren immer wieder angeführt. Deren Argumentationskette sieht dann folgendermaßen aus: Wenn die Menschen dort nicht dazu in der Lage sind, Kleider herzustellen, dann sollen sie froh sein, welche von uns zu bekommen.

Die internen Entwicklungshemmnisse entstehen oft nicht ohne externe Einflüsse, die allerdings nicht in unserem Bewußtsein haften bleiben. Von Militärberatern und durch Militärinterventionen der Industrienationen an der Macht gehaltene Diktatoren haben gerade in Afrika eine lange Geschichte. Ungerechte Verhältnisse auf dem Weltmarkt, fallende Rohstoffpreise und die Verschuldungsproblematik sind weitere Faktoren, die jede Entwicklung hemmen. Nutzen hier nicht die reichen Industriestaaten ihre wirtschaftliche Macht gnadenlos aus?

Doch es gibt eine ganze Reihe afrikanischer Staaten, die über eine ausgebaute Textil- und/oder Bekleidungsindustrie verfügen beziehungsweise ver-

Foto: medusa-film

Textilfabrik in Ghana

fügten. Zusammenhängende Daten über die Industrien zu bekommen erweist sich als schwierig. Vor allem über die tatsächlich in diesem Bereich Beschäftigten sagen die offiziellen Statistiken wenig aus, da in den Statistiken nur die größeren Betriebe erfaßt werden. Insbesondere die eigentlichen Kleidungsstücke werden in vielen Staaten in relativ kleinen Nähereien oder von SchneiderInnen auf den Märkten hergestellt, die von keiner Statistik erfaßt werden. Um dies an einem Beispiel zu illustrieren seien folgende weiter unten angeführten Zahlen vorweggenommen: In Nigeria arbeiteten 1980 65.682 ArbeiterInnen in der Textilindustrie, während im Bereich Bekleidung nur 1.085 ArbeiterInnen registriert wurden *(Werbeloff 1987, 53)*. Tausende, wenn nicht zehntausende auf den Märkten arbeitende SchneiderInnen fehlen in dieser Statistik.

Dennoch wird im folgenden für eine Reihe afrikanischer Staaten die Zahl der Beschäftigten und einige Produktionswerte aufgelistet. Das Fehlen all der anderen Staaten bedeutet nicht generell, daß es dort keine Textil- und Bekleidungsindustrie gibt. Es waren lediglich keine neueren Daten verfügbar. Die Liste kann daher nur einen kleinen Ausschnitt bieten und soll lediglich belegen, daß es »in Afrika« sehr wohl zum Teil auch sehr große Textil- und Bekleidungsindustrien gibt.

Die Internationale Textil-, Bekleidungs- und Lederarbeiter-Vereinigung (ITBLAV) gab SÜDWIND im Mai 1995 folgende Auskunft:

Beschäftigung in der Textil-, Bekleidungs- und Lederindustrie in ausgewählten Ländern in Afrika
(aktuelle Ziffern)[12]

Botswana	6.200
Äthiopien	47.000
Kenia	35.000
Malawi	11.000
Mauritius	85.000
Südafrika	225.000
Sambia	27.000
Simbabwe	48.000
Total	**484.200**

Quelle: ITBLAV 1995

Eine weitere Tabelle der ITBLAV gibt die Anzahl der Arbeitnehmer und Arbeitnehmerinnen an, die gewerkschaftlich organisiert sind. Zu beachten ist bei dieser Tabelle, daß in vielen Ländern nur ein relativ kleiner Teil der gesamten Arbeitnehmerschaft in Gewerkschaften eingetreten ist (z. B. in Mauritius nur knapp 8.000 von mehr als 80.000). Die Tabelle gibt die Situation daher nur auschnittsweise wieder, zeigt aber, in wie vielen Ländern tausende Menschen in der Textil-, Bekleidungs- und Lederindustrie arbeiten.

Mitgliederzahlen der afrikanischen ITBLAV-Mitgliedsorganisationen (Stand 1993)

Botswana	500
Burkina Faso	6.000
Elfenbeinküste	7.895
Ägypten	250.000
Ghana	13.389
Kenia	24.000
Lesotho	2.299
Mauritius	7.968
Niger	600
Nigeria	42.574
Senegal	5.910
Südafrika	165.000
Togo	6.000
Tunesien	1.466
Uganda	2.238
Sambia	5.000
Zaire	6.220
Simbabwe	11.075
Afrika insgesamt	**558.134**

Quelle: ITBLAV 1995

[12] Der Unterschied zu einigen der weiter unten genannten niedrigeren Beschäftigtenzahlen ergibt sich, da diese Tabelle neben der Textil- und Bekleidungsindustrie auch den Bereich Lederindustrie mit einbezieht, der in anderen Tabellen fehlt.

Südafrika

	Beschäftigtenzahlen
Textil- und Bekleidungsindustrie (1992)	210.500
Textilindustrie (1992)	80.500
davon:	
Spinnereien und Webereien	*36.000*
Strumpf-/Wirkwarenproduktion	*15.000*
sonstige Textilien/Färbereien etc.	*29.500*
Zulieferer Chemieindustrie (1992)	2.100
Baumwollfarmer (1992)	4.600
Schafzüchter (1992)	25.000
Bekleidungsindustrie (1992)	130.000
Bekleidungseinzelhandel (1992)	50.000
	Exporte
Textilien (1993):	240 Mill. DM
Bekleidung (1993):	310 Mill. DM

Quellen: NfA 7.12.1994; NfA 16.2.1994; NfA 5.8.1994 (Näheres siehe Kapitel über Südafrika).

Simbabwe

	Beschäftigtenzahlen
Textil- und Bekleidungsindustrie (1994)	circa 40.000
Textilindustrie (1994)	circa 20.000
Bekleidungsindustrie (1994)	circa 20.000
	Exporte:
Bekleidung (1994):	100 Mill. DM

Quellen: TW 18/94, 80–81; NfA 5.12.1994; Wirtschaftswoche 45/94, 38 (Näheres siehe Kapitel über Simbabwe).

Kenia

	Beschäftigte
Leder-, Textil- und Bekleidungsgewerbe (1991)	35.113 (in 152 Betrieben)

(Aufgenommen wurden nur »Betriebe mit 20 und mehr Beschäftigten«.)

	Produktion 1990
Baumwollgarn	4.210 Tonnen
Baumwollgewebe	45 Mill. m^2
Synthetische Fasern und Fäden	7.300 Tonnen
Decken	3.421.000
Herren- und Knabenhosen	1.706.000
Damen- und Mädchenkleider	1.611.000
Lederschuhe	1.605.000 Paar
Gummischuhe	7.691.000 Paar

Quelle: Statistisches Bundesamt, Länderbericht Kenia 1994, 82 und 92.

Tansania

	Beschäftigte
Textilgewerbe 1990:	36.400 (in 135 Betrieben)
Lederbe- und Verarbeitung 1990:	1.500 (in 14 Betrieben)
Herstellung von Schuhen 1990:	3.400 (in 14 Betrieben)

	Produktion 1991
Textilien:	62,8 Mill. m^2

Quelle: Statistisches Bundesamt, Länderbericht Tansania 1994, 58 und 62. (Näheres siehe Kapitel über Tansania).

Nigeria

	Beschäftigte
Textil- und Bekleidungsgewerbe (1980)	66.777
(1978)	86.555

Quelle: Werbeloff 1987, 53

Zu Nigeria liegen leider keine neueren Angaben zur Beschäftigung vor. Deutlich erhöht wurden jedoch in der Zwischenzeit die Produktionskapazitäten.

	Produktionskapazität
Anzahl der Spindeln (1992)	mehr als 1 Million
Webereien	50–60
Großunternehmen (500–600 Webmaschinen)	8–10
	Textilproduktion 1987
Baumwollgewebe	323 Mill. m^2
Gewebe aus synthetischen Fasern	191 Mill. m^2
Strickwaren	8.804 Tonnen
Kleidungsstücke	1.513.752 Stück

Quelle: bfai, Nigeria, 1992, 1 und 3

Gambia

	Beschäftigte
Textil- und Bekleidungsgewerbe (1982)	836

Quelle: Werbeloff 1987, 53

Benin

	Beschäftigte
Textilindustrie Anfang (1995)	1.413 in drei Betrieben

(Über einen vierten Betrieb lagen keine Zahlen vor.)

Quelle: Ministère du Commerce et du Tourisme 1995

Computergesteuerte Textilmaschine in Ghana (Foto: medusa-film)

3.6 Afrikanische Textil- und Bekleidungshersteller sichern deutsche Arbeitsplätze

Deutsche Fabriken stellen etwa 33 Prozent aller weltweit verkauften Textilmaschinen her. Sie sind hochgradig von ihren Exporten abhängig, da 1994 85–90 Prozent des Umsatzes von fast 8 Milliarden DM im Ausland erwirtschaft wurden. Diese Abnehmerstaaten sichern damit den größten Teil der circa 39.000 deutschen Arbeitsplätze der Branche *(Kölner Stadt-Anzeiger 2.6.1995)*.

Die Angaben des Statistischen Bundesamtes nennen auch in diesem Bereich in den Exporttabellen nur die Länder, wohin die Maschinen direkt nach Überqueren der deutschen Grenze geliefert worden sind. Demnach gingen deutsche Spinn-, Kämm-, Färbe-, Bleich- und Nähmaschinen etc. 1993 unter anderem auch nach Südafrika, Nigeria, Sambia, Simbabwe, Mauritius, Swasiland, Ghana, Äthiopien, Kenia, Zaire, Tansania, Madagaskar, Malawi, Burkina Faso, Uganda, in den Sudan und die Elfenbeinküste. Der Wert dieser Direktexporte belief sich auf circa 100 Millionen DM. Wie viele zusätzliche deutsche Maschinen über die europäischen Nachbarländer in afrikanische Staaten geliefert wurden, läßt sich anhand der vorliegenden Angaben nicht feststellen.

Zudem exportierten die deutschen Textilhersteller vor allem Fasern, Garne und Gewebe aus chemischen Grundstoffen in eine Vielzahl afrikanischer Länder *(Statistisches Bundesamt 1993)*. Auch hier sichert die Textil- und Bekleidungsindustrie afrikanischer Staaten deutsche Arbeitsplätze.

3.7 Altkleider gefährden bestehende Industrien sowie deren Neuaufbau

Altkleider sind leicht zu handhabende Produkte. Sie liegen buchstäblich auf der Straße, brauchen nicht mit großem technischen Aufwand hergestellt zu werden und sind dennoch teilweise von der Qualität und vom Gebrauchswert her gesehen so gut erhalten, daß sie nach dem Sortieren ähnlich wie ein Neuprodukt ohne weitere Bearbeitung verkauft werden können. Dieser kostengünstige »Erwerb« ist für die hiesigen am Altkleiderhandel beteiligten Unternehmer alltäglich geworden. Wenn Altkleiderhändler aus den Industrienationen nun hingehen und sich bei dieser ungleichen Konkurrenz auf den freien Weltmarkt berufen, so übersehen sie – oder geben vor zu übersehen –, daß hier von einer wirklichen Konkurrenz nicht die Rede sein kann. Es reflektiert niemand mehr, daß die Altkleider umsonst zu haben sind – im Gegensatz zu gebrauchten Büchern, Autos, Möbeln etc. –, da die Spender und Spenderinnen davon ausgehen, diese kämen einem karitativen Zweck zugute.

Die LeserInnen mögen sich an dieser Stelle einmal folgendes Szenario vorstellen:

Bei in Deutschland weiter steigenden Arbeitslosenzahlen wachsen in Japan Wirtschaft und Reichtum noch einige Jahre weiter, die Einkommen und der Konsum steigen, und damit auch das Prestigebedürfnis der JapanerInnen. Diese gewöhnen sich nun daran, spätestens alle drei bis vier Jahre das Auto zu wechseln. Und da der Absatz von gebrauchten Autos nur im geringen Maße möglich ist und die Entsorgungskosten sehr hoch sind, bietet eine Organisation an, die Autos zu sammeln und an Bedürftige in Europa zu liefern.

Was würde wohl Mercedes sagen, wenn das direkte Konkurrenzmodell von Honda oder Toyota plötzlich auf dem deutschen Markt gerade mal drei Jahre alt für 5.000 DM angeboten würde? Oder VW über einen Kleinwagen gleichen Alters zu 2.000 DM? Würden sich die deutschen Firmen mit der Antwort, es herrsche nun mal eine freie Marktwirtschaft und man müsse daher offen sein für alle Importe, zumal die KundInnen von den billigen Produkten profitieren, zufriedengeben? Und wie würde die deutsche Automobilindustrie darauf reagieren, wenn diese Wagen auch noch die vorherigen Exportmärkte der Produkte »Made in Germany« überschwemmen? Wäre man in Deutschland mit der Aussage zufrieden, es entständen doch im Handel und in den Reparaturbetrieben neue Arbeitsplätze? Und daß dann Deutschland für die letztendliche Entsorgung der Altautos sorgen müsse, sei halt Pech?

Vermutlich würden sich weder die deutschen Produzenten noch die deutschen Gewerkschaften mit solchen Antworten zufriedengeben. Die japanischen Hersteller neuer Autos dürften über den Verlust des vorherigen Marktes für neue Wagen nicht eben glücklich sein. Auch die japanischen SpenderInnen wären wohl nicht sehr erbaut, wenn sie erfahren, daß mit ihren Spenden lukrative Geschäfte getätigt werden.

Das klingt absurd, doch ähnlich verhält es sich auf dem Kleidermarkt. Es ist offensichtlich, daß im Altkleiderhandel nur ein Bruchteil der Kosten anfällt, der in der Textilproduktion an der Tagesordnung ist. Eben hier setzt auch die Kritik an: Nicht nur, daß Altkleider aus Spenden in Konkurrenz zur einheimischen Produktion der Länder der Zweidrittelwelt treten. Sie tun dies auch noch zu einem Preis, gegen den die einheimischen Hersteller nicht konkurrieren können. Wer hier argumentiert – wie dies viele Altkleiderexporteure tun –, es sei eben so in der Weltwirtschaft, daß der zu teure Anbieter bankrott gehe, argumentiert an den Realitäten vorbei. Altkleider sind nicht deshalb billiger, weil sie mit einer höheren Produktivität von fleißigeren Menschen hergestellt werden, sondern weil sie den Exporteuren aus den Überflüssen unserer Wohlstandsgesellschaft von Menschen geschenkt werden, die oftmals »etwas Gutes« mit diesen Spenden tun wollen. Die Altkleiderexporteure haben daher von vornherein einen Preisvorteil. »Der resultierende Effekt für die heimischen Textilindustrien ist wohl gravierender als jedwede Dumpingmaßnahme es je sein könnte. (...) Insbesondere auf solche Importe wird zurückgeführt, daß die verschiedensten Textilindustrien des SSA (der Staaten südlich der Sahara, Anm. d. Verfassers) mittlerweile keine Perspektive mehr haben.« *(Weinmann 1993, 63 und 64.)*

3.8 Beispielländer

Simbabwe

Die Entwicklung der Textil- und Bekleidungsindustrie Simbabwes zeigt, daß auch moderne Produktionsmittel und eine modische Produktpalette nicht vor den verheerenden Konsequenzen des Altkleiderhandels schützen. Während die deutsche Textil- und Bekleidungsindustrie seit Jahren mit massiven Problemen zu kämpfen hat und Produktionskapazitäten stillegt, konnten diese Bereiche in Simbabwe hohe Wachstumsraten verzeichnen. Die Branche modernisierte die Produktion und investierte große Summen in neue Maschinen. Insbesondere im Export nach Europa wurden hohe Wachstumsraten erzielt.

Die Bundesstelle für Außenhandelsinformation (bfai) widmete 1994 den Produzenten aus Simbabwe ein eigenes Kapitel in ihrer Broschüre »Bekleidung und Textilien – Ausgewählte Märkte«. Dort ist folgendes nachzulesen:

»Simbabwe – Mode für den europäischen Markt

Simbabwe verfügt über eine gut entwickelte Textil- und Bekleidungsindustrie, die sich im Rahmen der Exportdiversifizierung um den europäischen und besonders um den deutschen Markt bemüht. Die Textilindustrie gehört zu den exportorientierten Sektoren des Landes, die u.a. von einem vierjährigen Förderprogramm der zuständigen neuen Organisation ZimTrade profitiert. (...)

Um auch auf dem europäischen Markt konkurrenzfähig zu werden, haben sich die Betriebe in den vergangenen Jahren um die Entwicklung modischer Produktlinien in sämtlichen Bereichen bemüht und hierfür internationale Designer hauptsächlich aus Deutschland und den Niederlanden unter Vertrag genommen.

Daher verfüge die Branche inzwischen – so der Textilausschuß – über ein vielfältiges Angebot an Herren-, Damen- und Kinderbekleidung sowie auch in den Spezialbereichen Freizeitmode, Strickwaren, Unterwäsche, Hemden und Jeans; dieses sei auf dem europäischen Markt sehr gut aufgenommen worden.

Simbabwe bietet für die Textilproduktion zweifellos wichtige Standortvorteile. Dazu gehören an erster Stelle in dem arbeitsintensiven Industriesektor ein niedriges Lohnniveau und eine dennoch gut ausgebildete Arbeitnehmerschaft. Darüber hinaus gilt die Bekleidungsindustrie als sehr flexibel, was etwa die Umstellung des internationalen Käufergeschmacks von preisgünstiger Massenware auf mehr Exklusivität auch bei Standardware angeht. Hierbei ist man sowohl auf Großmengen als auch auf niedrige Auftragsstückzahlen in allen Stufen des Produktionsprozesses eingestellt.

In den größeren Fabriken ist der betriebliche Ablauf schon zum Teil computerisiert, wie etwa das Sortieren, das Auszeichnen und das Zuschneiden. Hochtechnisierte Anlagen sind generell im Land verfügbar, mit speziellem Augenmerk auf kurzfristige Produktionsauflagen für den europäischen Modemarkt.

Die Verwendung importierter Maschinen hatte hier in den letzten Jahren stark zugenommen.«

Die Ausfuhr habe sich zwischen 1986 und 1991 versiebenfacht und sei 1992 erneut um 25 Prozent auf etwa 40 Millionen DM gestiegen, »wovon das Gros auf den europäischen Markt und davon wiederum ein großer Teil in die Bundesrepublik Deutschland geht.« *(bfai 1994, Bekleidung und Textilien, 15.)*

Zu den Abnehmern in Deutschland gehören unter anderem Neckermann, C & A, Otto, Quelle, Vögele und Jeans-Fritz. »Die gleiche Kundenstruktur gilt für Großbritannien (wer die Marks & Spencer-Bedingungen erfüllt, sagt das mit dem gleichen Stolz wie der Lieferant, der für C & A die besseren Preislagen liefern kann), die Niederlande und die USA« *(TW 18/94, 80–81).*

Ende 1994 wurde geschätzt, Simbabwe verdiene mittlerweile 100 Millionen DM durch den Export von Bekleidung. Diese Summe soll bis 1996 verdreifacht werden *(Wirtschaftswoche 45/94, 38).* Mitte 1994 wurden mit der Ausfuhr von Textilien, Bekleidung und Schuhen circa 10 Prozent der Exporterlöse des Landes erwirtschaftet *(Hill 1994, 29).* Diese Exportsteigerungen sind das Resultat langjähriger Bemühungen um eine Modernisierung der Industrie. 1992 und 1993 wurden zusammengenommen Textil- und Lederindustriemaschinen für mehr als 20 Millionen DM alleine aus Deutschland importiert *(bfai 1994, Simbabwe, 6).* Der Ausbau der Textil- und Bekleidungsindustrie Simbabwes begann bereits Anfang der achtziger Jahre. Zwischen 1980 und 1988 stieg die Produktion von Bekleidung um circa 20 Prozent, und die Produktion von Textilien wurde mehr als verdoppelt. Damit war die Textilindustrie mit weitem Abstand der am schnellsten wachsende Zweig des verarbeitenden Gewerbes in Simbabwe. Verarbeitet wird größtenteils im Lande selbst geerntete Baumwolle. Die beginnende Modernisierung der Produktion führte dazu, daß das Land auch auf dem Weltmarkt konkurrenzfähig wurde. Sämtliche Prognosen wiesen auf ein stetiges Wachstum der Textil- und Bekleidungsindustrie hin. Vor allem in Europa sollen neue Märkte erschlossen werden. Als exportierender Industriezweig genoß dieser Sektor schon in den achtziger Jahren eine Reihe von Erleichterungen bei der Beschaffung von Devisen *(Statistisches Bundesamt 1990, Simbabwe, 82–96).*

Der Produktionsanstieg der Textil- und Bekleidungsindustrie wurde 1991/92 unterbrochen durch die verheerende Dürre im südlichen Afrika. Die Baumwollernte sank stark ab. Zudem fehlte es an für die Produktion dringend notwendigem Wasser und Strom: Die Dürre hatte die Staudämme des Landes nahezu austrocknen lassen, so daß weder die Wasserversorgung noch die Stromproduktion in den Turbinen an den Dämmen – mit denen fast der gesamte Strom des Landes gewonnen wird – aufrechterhalten werden konnten.

Eine drohende Hungersnot band die Verwendung der Devisen. Sie mußten für Nahrungsmittel aufgewendet werden und standen nicht für den Einkauf von Rohstoffen zur Verfügung. Viele Fabriken mußten wegen der mangelnden Versorgung mit Produktionsstoffen schließen. Die Kapazitätsauslastung der Textil- und Bekleidungsindustrie sank 1992 unter 60 Prozent und von den allein in größeren Firmen beschäftigten 24.000 ArbeiterInnen wurden 7.000 entlassen *(Denconsult 1993, 10)*.

Zusätzlich belastet wurde der Textil- und Bekleidungssektor durch das ab 1990 auf Druck der Weltbank und des Internationalen Währungsfonds von der Regierung verordnete Strukturanpassungsprogramm. Die Zinssätze stiegen und blieben sehr hoch, die Abwertung der einheimischen Währung verteuerte die Importe von Maschinen und mit der Importliberalisierung stieg die Einfuhr von Bekleidung. Zudem entfielen die Subventionen für den Baumwollanbau.

Verstärkt wurden die Probleme noch durch die 1992 von der südafrikanischen Regierung erlassenen hohen Zölle auf Textilien und Bekleidung aus Simbabwe, wodurch der vorherige Hauptmarkt für Exporte weitgehend ausfiel *(Mudzingwa 1995)*.

Zwischenzeitlich hatte sich die Industrie erholt. In der Textil- und in der Bekleidungsindustrie arbeiteten 1994 wieder jeweils circa 20.000 Menschen *(TW 18/94, 80–81)*. Die Angaben über die Zahl der von Baumwollanbau lebenden Kleinfarmer schwankt je nach Quelle zwischen 50.000 *(NfA 5.12.1994)* und 150.000 *(Financial Gazette 11.8.1994)*, wobei unklar ist, ob die erstgenannte Zahl vielleicht all die Farmer meint, die ausschließlich vom Baumwollanbau leben, während letztere auch diejenigen einbezieht, die neben anderen Produkten auch Baumwolle anbauen. Diese Baumwolle wird teilweise im eigenen Land verarbeitet oder geht in den Export. Die gute Nachfrage durch die Textilindustrie führte im Frühjahr 1995 zu Befürchtungen, nach Export der bereits vertraglich zugesagten Lieferungen werde trotz einer sehr guten Ernte auf dem Binnenmarkt die Baumwolle knapp *(Herald 3.3.1995 und 9.5.1995; Financial Gazette 13.4.1995)*.

Auch die Chemikalien zur Textilveredelung werden teilweise in Simbabwe hergestellt. In Kooperation mit BASF produziert Cernol Chemicals seit 1991

»qualitativ hochwertige Textilchemikalien« zur Veredelung der Fasern und Stoffe. »Nach Informationen der lokalen Wirtschaftspresse soll die simbabwische Textilindustrie in Zukunft ein komplettes System von Hilfschemikalien für sämtliche Produktionsvorgänge erhalten.« Man prüfe zudem die Exportmöglichkeiten dieser Produkte in die benachbarten Länder *(NfA 25.10.1991)*.

Trotz dieses erfolgreichen Ausbaus der Exporte in die Industrienationen kämpfen die Textil- und die Bekleidungsindustrie ums Überleben. Ende 1994 drohte der Bankrott von »Cone Textiles«, einem der größten Textilhersteller des Landes. Die Liquidation der Firma wurde aufgrund der großen Zahl der Beschäftigten immer wieder hinausgeschoben: Es droht der Verlust von 6000 Arbeitsplätzen. Zudem mußte eine Reihe von kleineren Firmen schließen *(Herald 22.11.1994; Herald 12.12.1994)*. Als eine Ursache der Krise wird von den Herstellern immer wieder der Import von Altkleidern benannt *(Herald 9.9.1993; Herald 5.5.1994; Sunday Mail 16.10.1994; Zimbabwe Clothing Council 1994; NfA 13.9.1994; Mudzingwa 1995; etc.)*.

Der Import der Altkleider begann im großen Stil erst vor wenigen Jahren. Mit diesen Altkleidern kamen erstmals im größeren Umfang Kleiderimporte ins Land. Aufgrund der hochwertigen einheimischen Produktion und der Einfuhrrestriktionen wurden zuvor nahezu keine Textilien und Kleidungsstücke importiert. Die Importe von Altkleidern haben in einem solchen Maße zugenommen, daß sie für den Verlust tausender Arbeitsplätze verantwortlich gemacht werden. GewerkschaftlerInnen aus Simbabwe benannten in Interviews für die Fernsehsendung »Gott und die Welt« die Altkleider als Hauptursache für den massiven Verlust von Arbeitsplätzen *(West 3, 9.10.1993)*. Auch Neil Kearney, Generalsekretär der internationalen Textil-, Bekleidungs- und Lederarbeitervereinigung, erhebt den Vorwurf, Altkleider hätten allein in Simbabwe und Sambia den Verlust von 20.000 Arbeitsplätzen zu verantworten. »Für die Arbeitnehmerinnen in der Textil- und Bekleidungsindustrie ist dies Hölle.« *(Gewerkschafterinnen in Aktion 3/93, 2.)*

Allen Importliberalisierungen zum Trotz hat die Regierung Simbabwes die Einfuhr von Altkleidern im Februar 1993 verboten. Dennoch sind sie weiterhin überall erhältlich, da sie in großen Mengen aus den Nachbarländern ins Land geschmuggelt werden. Der Zimbabwe Clothing Council schätzte Mitte 1994, daß in diesem Jahr circa 2 Millionen Altkleider ins Land gebracht wurden. Die einheimischen Hersteller produzierten selbst circa 12 Millionen Kleidungsstücke, von denen 4 Millionen exportiert und 8 Millionen im Lande verkauft wurden. Nach diesen Schätzungen erreichen die Altkleiderimporte demnach 25 Prozent der im Lande hergestellten Bekleidung. Der Zimbabwe Clothing Council fordert ein Ende des als »Dumping« und »unfaire Konkurrenz« empfundenen Verkaufs von Altkleidern. *(Zimbabwe Clothing Council 1994)*. Anfang 1995 soll die Einfuhr der Altkleider auf einen Marktanteil von geschätzten 10,5 Prozent gesunken sein *(Mudzingwa 1995)*. Weitere Verluste entstehen den Textil- und Bekleidungsherstellern Simbabwes durch den Altkleiderhandel in den Nachbarländern: Nachdem Simbabwe zeitweise Bekleidung und Textilien in zahlreiche afrikanische Staaten verkaufen konnte, sank der Absatz, da auch dort Altkleider billiger angeboten werden. *(Denconsult 1993, 35)*.

Sieht man sich die Preise für Altkleider an, wird klar, warum die Produzenten Simbabwes von »Dumping« reden. Die einheimischen Produkte sind zwar wesentlich billiger als die Importe neuer Kleider, doch die Altkleider kosten oftmals nur halb soviel und weniger.

Kleiderpreise in Simbabwe

Alle Angaben in Zimbabwe-Dollar (Zim$). Wechselkurs zum Zeitpunkt der Datenerhebung Mitte 1993: 4 Zim$ = circa 1 DM

	Neu-Importe	lokale Produktion	Second-Hand
Männerhosen	140–160	30–80	10–25
Herrenhemden	100–130	35–60	6–20
Frauenkleider	200–255	55–115	10–25
Blusen	130–200	35–100	6–8
Röcke	115–160	40–80	10–22

Quelle: Denconsult 1993, 37

Der Binnenmarkt wird weiterhin durch die Altkleider massiv gefährdet. Die billigen Altkleider drücken die Preise der Bekleidungsartikel in den Keller. Sie ersetzen die Neuware, sorgen damit für eine Unterauslastung der Kapazitäten und erhöhen dadurch die durchschnittlichen Produktionskosten. Würden die Unternehmer die gestiegenen Produktionskosten an die VerbraucherInnen weitergeben und die Preise erhöhen, würde der Absatz der eigenen Produkte weiter sinken und der Anreiz des Kaufes von Altkleidern noch verstärkt.

Trotz der guten Exportkonjunktur stehen viele Unternehmen daher am Rande des Ruins. Sie erhalten während der ohnehin aufgrund der Weltbankprogramme schwierigen Anpassungsphase unter Umständen durch die Altkleiderimporte den Todesstoß. Auch »Cone Textiles« konnte nicht gerettet werden. Im Mai 1995 verhandelten die Liquidatoren der Firma mit Vertretern eines deutschen und eines südafrikanischen Textilherstellers. Diese überlegen, den Betrieb zu erhalten, die Produktion zu reorganisieren und dann mit den dort hergestellten Textilien die jeweiligen Heimatmärkte zu beliefern. Ob und wenn ja, wie viele Arbeitsplätze erhalten werden, stand noch nicht fest *(Mudzingwa 1995)*.

Der Zimbabwe Clothing Council fordert ein Ende des als »Dumping« empfundenen Verkaufs von Altkleidern nach kommerziellen Gesichtspunkten. Nur noch die Weitergabe von Altkleidern an wirklich Bedürftige solle gestattet sein, der Verkauf durch Großhändler jedoch sei zu unterbinden *(Zimbabwe Clothing Council 1994)*. Der Verband streitet demnach nicht ab, daß es Bevölkerungsschichten gibt, die auf Altkleider angewiesen sind. Doch sollen die Altkleider auch tatsächlich an diese Menschen gehen.

Verfällt die Textil- und Bekleidungsindustrie, so würde dies neben dem Verlust tausender Arbeitsplätze einen schweren Rückschlag für den Versuch Simbabwes darstellen, durch einen Ausbau des verarbeitenden Gewerbes von Rohstoffexporten unabhängiger zu werden.

Südafrika

Ebenso wie Simbabwe verfügt auch Südafrika über eine für das Land bedeutende Textil- und Bekleidungsindustrie, die mit massiven Problemen zu kämpfen hat. Diese Industrien waren ebenso wie einige andere Produktionsbereiche zu Zeiten der Apartheidsregierung durch Zölle und andere Einfuhrbehinderungen teilweise gegen ausländische Konkurrenten geschützt worden. Nun müssen diese Handelshemmnisse im Rahmen der Vereinbarungen des neuen Welthandelsvertrages – den die neue, erstmals demokratisch gewählte Regierung unterzeichnet hat – binnen 10 Jahren weitgehend abgebaut werden. Wie der Abbau vonstatten gehen soll, ist noch umstritten. Die »Textile Federation«, der Verband der Textilhersteller, fordert einen langsamen Abbau der Zölle, da sonst die gesamte Branche und damit inklusive der im weitesten Rahmen daran hängenden Jobs 360.000 Arbeitsplätze gefährdet seien. Die

»Clothing Federation«, der Verband der Bekleidungshersteller, verlangt dagegen ein schnelles Herunterfahren der Einfuhrzölle. Dadurch würde die Modernisierung der Industrie beschleunigt, die Konkurrenzfähigkeit gestärkt, und es könnten 60.000 neue Arbeitsplätze entstehen *(Financial Mail 25.11.1994, 69)*.

Bislang hat der Modernisierungsprozeß der vergangenen Jahre jedoch bei steigender Produktion zu Arbeitsplatzverlusten geführt. In der Textilindustrie sank die Zahl der Beschäftigten von 98.000 im Jahre 1989 *(NfA 15.2.1991)* bis 1993 auf 80.500 Personen. Die Umsätze der Branche lagen bei umgerechnet 3,1 Milliarden DM. Weitere 2.100 Menschen arbeiten in den Bereichen der Chemieindustrie, die die Vorprodukte der Textilindustrie herstellen, 4.600 Farmer pflanzen Baumwolle an, und 25.000 Viehzüchter halten Schafe für die Wollgewinnung *(NfA 7.12.1994)*.

Die Textilbranche plant, in den nächsten acht Jahren 2,7 Milliarden Rand (fast 1,4 Milliarden DM) in neue Anlagen zu investieren, um international wettbewerbsfähig zu bleiben *(NfA 5.8.1994)*. Auch in der südafrikanischen Bekleidungsindustrie wird investiert und rationalisiert. Dort sank die Beschäftigtenzahl bis 1992 auf 130.000 Personen. Weitere 50.000 Menschen arbeiten im Bekleidungseinzelhandel *(NfA 16.2.1994)*.

Unterdessen sind die Exporte beider Branchen in den vergangenen Jahren schnell gestiegen. 1993 wurden Textilien im Wert von umgerechnet rund 240 Millionen DM und Bekleidung im Wert von rund 310 Millionen DM exportiert *(NfA 5.8.1994)*. Dabei brauchen sich die Südafrikaner teilweise keineswegs vor der Konkurrenz aus Asien zu verstecken. Im Gegenteil: In den ersten Monaten des Jahres 1995 gaben sich potentielle Investoren aus Singapur, Hong Kong, Süd-Korea, Taiwan, den US und sogar China und Indonesien die Klinke in die Hand *(Financial Mail 24.3.1995)*.

Doch auch die Arbeitsplätze in Südafrikas Textil- und Bekleidungsindustrie werden durch die Einfuhr von Altkleidern bedroht beziehungsweise sind in einigen Bereichen vernichtet worden. Seit 1989 stieg nach Aussage der südafrikanischen Handelskammer der Import der Altkleider »exzessiv« und erreichte eine »unakzeptabele Größenordnung«. Der größte Teil der Altkleider wurde von karitativen Organisationen zollfrei importiert und anschließend auf dem freien Markt an die meistbietenden Abnehmer verkauft. Dies führe zu einer »bedrohlichen Schädigung« der südafrikanischen Textil- und Bekleidungsindustrie. Um die Importe zu beschränken wurde Ende 1992 ein Zoll von 60 Prozent oder von 25 Rand (circa 12,5 DM) je Kilo Altkleider eingeführt. Außer bei

Modenschau südafrikanischer Hersteller in Nairobi/Kenia

Sondergenehmigungen dürfen nur noch karitative Organisationen, die die Altkleider umsonst an Bedürftige abgeben, Importe zollfrei tätigen. Die Menge dieser Importe werde »strikt beschränkt« *(Department of Trade and Industry 1992).*

Die Einfuhr der Altkleider hat Schätzungen zufolge allein 1992 zum Verlust von 20.000 Arbeitsplätzen nur in der Bekleidungsindustrie geführt. »Das kann sich kein Land leisten, besonders nicht Südafrika, das eine Arbeitslosenrate von 40 % hat.« Daher werde der Import der Altkleider inzwischen »streng kontrolliert« und erfordere eine Einfuhrerlaubnis *(Südafrikanische Botschaft 1994).*

Trotz der Beschränkungen erreichen immer noch große Mengen Altkleider den südafrikanischen Markt. Die KundInnen dieser Ware setzen sich aus zwei sozialen Gruppen zusammen: Den ärmeren Bevölkerungsschichten, die die Altkleider wegen der niedrigen Preise kaufen, und die modebewußten Jugendlichen, die nach ausgefallenen Artikeln suchen. Die Zahl der letzteren wird immer größer und sorgte dafür, daß die südafrikanische Wochenzeitung »Weekly Mail« im Mai 1994 einen großen Artikel über Altkleider ausgerechnet in der Rubrik »Lifestyle« veröffentlichte. Lukrativ ist vor allem der Verkauf von ausgefallener Szeneware, die auf den Flohmärkten teilweise ähnliche Preise wie in Deutschland erzielt. Einer der Importeure berichtet, er zahle mit 800 bis 1000 Rand je 50 Kilo-Ballen. Umgerechnet ergibt dies einen Tonnenpreis von 8.000 bis 10.000 DM! Insbesondere diese relativ teure Ware, die hauptsächlich von Jugendlichen aus der Oberschicht erworben wird, stellte eine direkte Konkurrenz zur einheimischen Produktion dar. So verwundert es nicht, daß in dem Weekly-Mail Artikel eine »härtere Kampagne« der südafrikanischen Bekleidungs- und Textilgewerkschaft gegen die Altkleiderimporte angekündigt wird *(Ansell 1994)*.

Als Fazit bleibt für Südafrika festzuhalten: Es existiert auch dort eine auf dem Weltmarkt wettbewerbsfähige Textil- und Bekleidungsindustrie, der durch die Altkleiderimporte eine Konkurrenz erwachsen ist, die zum Verlust von tausenden Arbeitsplätzen geführt hat. Zölle sollen diese Dumping-Konkurrenz einschränken. Ausnahmen gibt es nur dann, wenn die Kleidung den Menschen zugute kommt, denen die meisten Spender und SpenderInnen ihre Altkleider zugedacht hatten: »Gebrauchte Kleidung kann nur zollfrei nach Südafrika geliefert werden, wenn sie an eine Wohlfahrtsorganisation oder Kirche gesandt wird, die diese Kleidung an Arme verschenkt (nicht verkauft).« *(Südafrikanische Botschaft 1994.)*

Foto: Kerstin Stahlhut/Martin Eaouli

Altkleidermarkt in Yaounde/Kamerun

Ghana und Kenia: Tagebuch einer Recherchenreise nach Afrika

Die Recherchen galten einem Dokumentarfilm zum Thema »Altkleider« unter entwicklungspolitischen Aspekten. Wir begannen unsere Reise mit zwei Hauptfragestellungen: Sind Altkleiderspenden eine Hilfe für Afrika? Beeinträchtigen diese Exporte die heimische Industrie, wenn es sie denn gibt? Zielländer waren Ghana, Kenia und Tansania. Im Hinblick auf die Dreharbeiten hatten wir deren Botschaften in Deutschland vorher besucht und um ein Recherchenvisum gebeten. Tansania erteilte uns eine Absage, das Thema war zu delikat. Unsere Reise begann in Ghana; über einen deutschen Altkleiderhändler hatten wir schon erste Kontakte zu dessen Geschäftspartner in Ghana geknüpft und unseren Besuch angekündigt.

Sonntag, 13. November 1994

✖ Ankunft in Accra, 22.00 Uhr. Überraschendes Empfangskomitee von drei Herren, die sich als Altkleiderhändler vorstellen. Fünf Minuten nach unserer Ankunft sitzen wir bereits ziemlich erschöpft in der heißen Abendluft vor eiskaltem Bier und versuchen, unseren übermüdeten Gehirnen vorsichtige Fragen zu entwinden. Bald ist das erste Mißverständnis aufgeklärt: Man hatte mögliche zukünftige Geschäftspartner erwartet. Nichtsdestotrotz ist dieses erste Gespräch bereits ein interessanter Einstieg. Das Geschäft laufe ausgezeichnet, versichern sie uns. Der Markt in Ghana sei noch ausbaufähig. Selbstverständlich würden sie uns gerne zeigen, wie der Handel funktioniert. Wir verabreden uns gleich für den nächsten Tag.

Montag, 14. November

✖ Ghanaian Times: »Textile industry workers threatened with lay-offs« (»Arbeiter der Textilindustrie von Entlassung bedroht«) – die Industriegewerkschaft »Industrial & Commercial Workers Union« (ICU) sieht die Ursache für den Marktverlust heimischer Textilprodukte in der Schwemme der Billig-Importe.

✖ Einer der ersten Eindrücke bei der Fahrt durch die Stadt: Ein riesiges Schild »Good used German Tires« (»Gute gebrauchte deutsche Reifen«). Irgendwo auf der anderen Seite der Stadt ein kunterbuntes Viertel. Enge Gassen, an den Seiten Abwasserkanäle. Holzkarren mit Altkleiderballen drauf, viele Händler, manche tragen die Ballen auf dem Kopf. Tür an Tür bieten die Zwischenhändler ihre Waren an. Hier ist das Büro von Enyi-Enyi. Der Verkaufsraum eine Garage, gefüllt mit Ballen. Das Büro, circa 9 Quadratmeter, ist beherrscht von einem großen Schreibtisch, Fax, Telefon, drei Stühle passen knapp rein. Der Hauptfirmensitz ist eigentlich in Lomé/Togo. Seit 1987 gibt es die Filiale in Accra. Ihre Ware beziehen sie hauptsächlich aus den USA und England. Den deutschen Markt würden sie gerne noch erweitern. Die Importe kommen entweder über Togo oder direkt zum Hafen Tema bei Accra. Direktimporte seien aber seltener, da der Zoll hier in Ghana sehr hoch sei. Togo sei der Hauptumschlagsplatz nach Ghana und Nigeria. Nur wenige Leute könnten sich neue Kleidung leisten, aber auch die anderen würden oft Second-Hand bevorzugen, weil sie die Qualität schätzen. Die Herren sind wortkarg geworden. Am Freitag würden sie uns zum Hafen mitnehmen, falls ihr Container dann da ist. Wir sind skeptisch.

✖ Auf der Hauptstraße kommt uns ein Lastwagen entgegen, hochbepackt mit Altkleiderballen. »Die kommen aus Holland«, erklärt unser Begleiter, »das sehe ich an der Verschnürung.«

Dienstag, 15. November

✖ Auf der Deutschen Botschaft in Accra wird uns versichert, Altkleider seien weder ein Problem in Ghana, noch sehr verbreitet. Das sei doch nur unsere typisch eurozentristische Sichtweise. »Sehen Sie sich um, die meisten Leute tragen hier noch die prachtvollen afrikanischen Gewänder.« Wir sehen uns im Vorraum der Visa-Abteilung um. 80 % der Wartenden sind second-hand-gekleidet.

Foto: medusa-film

✖ Besuch bei einem deutschen Textilmaschinen-Vertreter: Die Situation der Textilindustrie in Ghana ist sehr bedrückend. »Wer kauft in dieser Lage Maschinen?« Firmen, die früher 2.000 und mehr Angestellte hatten, mußten ihre Kapazität verringern und haben heute noch 500 Mitarbeiter. Die Arbeitslosigkeit ist drastisch gestiegen. Die Strickindustrie ist bis auf einen Betrieb verschwunden. Auch die Schneider müssen um Aufträge kämpfen. Er vermittelt uns an einige Firmen.

Foto: medusa-film

Mittwoch, 16. November

✖ Fabrikbesuch. Ein großes modernes Gebäude im Industriegebiet. Der Inhaber ist Anfang 30, hat den Betrieb von seinem Vater übernommen. Die Firma produziert Stoffe, gewebte Kente-Stoffe und Handtücher. Angegliedert ist eine Spinnerei. Der Markt bricht ein, Billigimporte aus Asien und die billigen und qualitativ hochwertigen Altkleider verderben das Geschäft. Die Firma gibt es seit 40 Jahren, vor drei Jahren haben sie noch mal aufwendig investiert und große Maschinenanlagen gekauft. Wenn sich die Wettbewerbsbedingungen nicht ändern, wird der Betrieb nächstes Jahr geschlossen.

✖ Betriebsbesichtigung: Neben hunderten alter Webstühle stehen moderne computergesteuerte Maschinen aus Belgien. Auf den meisten Webstühlen wird weißer Stoff hergestellt für Mehlsäcke. Andere Aufträge waren nicht zu bekommen. Dabei hat die Firma 500 wunderbare Designs anzubieten. Die Spinnerei ist eine große klimatisierte Halle mit modernen Maschinen aus Deutschland und der Schweiz. Die verbliebenen 700 Arbeiter sind noch vollauf beschäftigt. Wir dürfen fotografieren, müssen aber versprechen, den Namen der Firma zu verschweigen. »Ich möchte keinen Ärger mit dem Verband der Altkleiderhändler bekommen, der sehr einflußreich ist.«

✖ Export Promotion Council (Büro für Exportförderung). Wie sind die Export-Chancen für die Industrie? Der Hauptmarkt ist in den USA. Europa ordert nur Sommermode und das ist für eine relativ kurze Periode. Das Problem sind die hohen Produktionspreise, da die Industrie zum Teil noch im Umstellungsprozeß auf Privatwirtschaft ist, zudem muß kräftig modernisiert werden und die Anschaffungskosten sind sehr hoch. Alles muß importiert werden. Hinzu kommt, daß die Basis des nationalen Marktes eingebrochen ist, das größte Problem seien hier die konkurrenzlos billigen Altkleider. Die Schuhindustrie ist bereits komplett verschwunden, es gibt nur noch einige Handwerker, die neue Schuhe herstellen.

Donnerstag, 17. November

✖ Firma Anitex. Ein versteckt gelegener alter Betrieb. Herr Anie, ein würdiger alter Herr, erwartet uns in seinem Büro, das übersät ist mit Pokalen und Preisen. Nach der Unabhängigkeit Ghanas hat er in den sechziger Jahren im Wirtschaftsministerium gearbeitet und war zuständig für den Aufbau einer nationalen Textilindustrie. Als Geschäftsführer der ersten staatlichen Fabrik für Stoffdruck präsentierte er 1965 dem damaligen Präsidenten den ersten in Ghana gedruckten Stoff. Stolz zeigt er uns das Photo von damals. Es folgten Einladungen nach Deutschland, ja, er erinnert sich noch gut an Ludwig Erhard, mit dem er diniert hat. 1968 machte er sich selbständig mit Anitex Ltd. Er produzierte ausschließlich für den nationalen Markt und konnte die Nachfrage kaum bedienen. Anitex expandierte.

Mitte der achtziger Jahre begann der Einbruch. Die Kunden blieben weg. Die Preise waren zwar nicht gestiegen, aber die beginnende Importkonkurrenz wurde immer härter. »Der Altkleidermarkt ist oft viel schlimmer als die Asienimporte, weil sie nicht nur billig, sondern auch von hoher Qualität sind.« Mit der erzwungenen Marktöffnung im Rahmen der Weltbankprogramme 1992 wurde dann der Markt endgültig überflutet. Zudem haben die steigenden Kosten (Importzölle auf Textilfarben, Chemiefasern, drastische Strom- und Spritpreiserhöhungen) die Produzenten gezwungen, die Preise anzuheben. Preiserhöhungen in Ghana bedeuten nicht selten 100%-Teuerungsrate innerhalb eines Jahres. Die Folge: Entlassungen. Die 20 Arbeiter, die noch da sind, bezahlt er aus seiner Privattasche. Seit langem gab es keinen Auftrag. Aber er könnte morgen wieder anfangen, wenn .....

Foto: medusa-film

Dann zeigt er uns seine Produktionshalle. Ratlos steht der alte Mann zwischen den langen leeren Drucktischen im Dunkeln. Er versteht nicht, was geschieht. Neben ihm steht stumm sein Sohn, der den Betrieb übernehmen sollte. Textilfachmann ist er und hat von der Pieke auf gelernt, damals in Deutschland in den sechziger Jahren.

✖ Finanzministerium. Die Leiterin der Abteilung für bilaterale Wirtschaftsbeziehungen, Frau Batsa, erwartet uns. Ghana hat eine gute Textilindustrie, das Problem sind die Billigimporte und die Altkleider. Jeder Ghanaer wird lieber neue, afrikanische Kleidung kaufen, wenn er kann. Denn die ist halt neu und schöner. Früher galten die Leute als faul und arbeitsscheu, wenn sie Altkleider trugen. Heute kaufen alle second hand. Und nicht nur Kleidung, auch Autos, Kühlschränke, Reifen, Möbel. Es ist billiger. Das Problem für Ghana ist dann der Müll. Aber Neuware ist eben zu teuer, da viele Betriebe unter ihrer Kapazität arbeiten, sind die Preise hoch. Altkleider sind sehr billig und kommen oft unterdeklariert ins Land.

Foto: medusa-film

Die Regierung hat wenig Möglichkeiten: Protektion ist nicht möglich (Weltbank-Richtlinien), Verbot nicht sinnvoll (unkontrollierter Schwarzmarkt). Geplante Initiativen: Erhöhung der Importzölle, Investitionsförderung für die Textilindustrie. Ein Anfang ist gemacht: Zu Jahresbeginn wurden Hygiene-Richtlinien festgelegt, d. h. Verbot für die Einfuhr von gebrauchter Unterwäsche, Handtüchern, Bettwäsche usw. Aber sie haben starke Gegner in der »Association of second hand clothes traders« (»Vereinigung der Second-Hand-Kleiderhändler«). Erst später erfahren wir, daß eben diese Association die Hygiene-Richtlinien 14 Tage nach Bekanntmachung bereits wieder gekippt hatte. Bei Verlassen des Ministeriums treffen wir einige schwitzende Arbeiter, die Kühlschränke tragen – alles gebrauchte Geräte aus Deutschland.

Freitag, 18. November

✖ Aus vertraulicher Quelle erhalten wir die Importzahlen von Altkleidern vom Hafen Tema, Juli 1994. Danach wurden in einem Monat 8.500 Ballen à 100 kg (Durchschnittsgewicht) eingeführt. Also 850 Tonnen. Wer weiß, wieviel über den Landweg von Togo kommt .....

✖ Ghanaian Times: »President to earn 546.434 Cedis monthly« ("Präsident wird monatlich 546.434 Cedis verdienen", umgerechnet 830,– DM)

× Besuch bei der Handelskammer. Wie schon beim Export-Promotion Council ist niemand in der Lage, uns Zahlen über Beschäftigte, Produktionskapazitäten und Exportmengen zur Textilindustrie zu geben. Aber man wird sich bemühen .....

× Gewerkschaftszentrum. Besuch bei der »Industrial & Commercial workers Union«, ICU. Fragen ist hier sinnlos, müssen wir lernen, wir bekommen einen Vortrag gehalten. Auch hier die Klage über die billigen Altkleider, aber die Einkommen sind in den letzten Jahren relativ gesehen zurückgegangen. Preisanstieg, Inflation und schlechte Arbeitslage zwingen die Menschen billig einzukaufen. Zur Zeit gibt es noch ca. 7.000 Textilarbeiter. Jedes Einkommen ernährt im Schnitt ca. sechs Personen. Die Krise der Textilindustrie betrifft aber auch die Baumwollfarmer, die ihre Rohstoffe nicht mehr verkaufen können, die Bekleidungsindustrie und die Schneider. ICU appelliert an die Regierung, die Importflut zu stoppen. Der Zusammenbruch scheint gigantisch zu sein, Gesamtzahlen sind nicht vorhanden.

Samstag, 19. November

× Besuch verschiedener ghanaischer Designerinnen. Wunderschöne moderne Blusen, Westen, Kleider, Hosen. Eine interessante Synthese afrikanischer Stoffe, traditioneller Schnitte und europäischer Modeelemente. Die Stoffe kommen aus Ghana, Mali und von der Elfenbeinküste. Die Preise: eine Bluse kostet 50–60,– DM, ein Rock 20–30,– DM. Ihre Kundschaft: Ausländer und reiche Ghanaer/innen. Viele arbeiten für den Export nach Europa und in die USA, beliefern dort kleine Boutiquen.

Foto: medusa-film

Sonntag, 20. November

× Markttag. Achtzehn Altkleidermärkte soll es allein in Accra geben. Daneben sind viele Straßenränder gesäumt von Altkleiderhändlern.

× Makola-Markt. Die Ware ist qualitativ hochwertig und teuer. Jeder Händler ist spezialisiert. Herrenhemden, Herrenhosen alles sorgfältig auf Bügeln präsentiert, T-Shirts (große, weite Hemden bevorzugt), Röcke, Kleider. Die Kunden kommen alle eher aus dem gehobenen Mittelstand. Preise: Schuhe ca. 50,– DM, Sommerhosen aus Italien und Deutschland um die 10,– DM. Ankaufspreise für die Markthändler: ein 50-kg-Ballen Hemden kostet 530 bis 600,– DM, Jeans ab 600,– DM.

Foto: medusa-film

✖ Kaneshie-Markt. Eine Kombination von Krämer- und Wochenmarkt. Alles liegt auf dem Boden. Die Kleider sind absolute Billigqualität. Hier kaufen die unteren Einkommensstufen und die Bedürftigen. Für sie gibt es Ware zu Pfennigpreisen: kaputte und geflickte Schuhe, BHs, Unterhosen, Unterröcke, Handtücher, Kinderkleider, Hosen, Hemden, Röcke. Die meisten Artikel haben große Risse und Löcher. Wir sind zutiefst beschämt über diesen europäischen Importramsch. Die Verkäufer/innen sehen nicht sehr wohlhabend aus. Dazwischen ein Stand mit neuen Stoffen, 6 Yards kosten hier 15,– DM, für den Schneider müßten wir dann nochmal ca. 7,– DM rechnen, erklärt die Verkäuferin.

Montag, 21. November

✖ 'Daily Graphic': »Ensure fair trade« (»Sichert fairen Handel«) – die Textilgewerkschaft TGLEU hat die Regierung aufgerufen, für faire Wettbewerbsbedingungen für die Industrie zu sorgen. Die Altkleiderimporte verhindern das Wirtschaftswachstum in Ghana.

✖ Herr Adjasoo von der »All Round Marketing Agency« erwartet uns. Er erklärt uns die Bedeutung der traditionellen ghanaischen Stoffe, Kente. »Am Kente erkenne ich, wohin ein Mann gehen will. Je nach Anlaß wechseln die Farben und Muster.« Das Problem für die Hersteller hier sind die Kosten. Textilfarben müssen alle importiert werden, und bei BASF und Sandoz muß man immer bestimmte Mindestmengen abnehmen. Die Zölle hier sind hoch. Die Exporte verteuern sich dann nochmals, weil auch die Packmittel erst importiert werden müssen.

× Industrie-Gewerkschaft ICU in Tema. In dieser Stadt gibt es große Textilbetriebe. GTP (Ghana Textile Printing) war früher ein staatlicher Betrieb, jetzt gehören 60 % dem multinationalen Großkonzern Unilever. (Also wird doch in die Textilindustrie investiert.) Von früher 1.100 Angestellten sind heute noch 500 da. 1994 gab es zwei große Entlassungswellen, der Betrieb wird neu organisiert. Das Durchschnittseinkommen in dieser Firma ist dafür mit ca. 100,– DM/Monat sehr hoch. Andere Industrien zahlen im Schnitt 60,– DM.

× Seit Tagen sind wir auf der Suche nach der »Textile, Garment & Leather Employees Union«, TGLEU (Textil-, Bekleidungs- und Lederarbeitergewerkschaft), die in den Zeitungen eine vehemente Kampagne gegen die Altkleider führt. Schließlich finden wir sie in einem winzigen Büro in Tema. Hier rennen wir mit unseren Fragen offene Türen ein. Die Gewerkschafter sind mehr als froh, daß sie Interesse aus Europa finden. »Wir allein hier in Ghana können nichts bewirken, ihr in Europa müßt etwas unternehmen. Wir sind nicht gegen die Liberalisierung der Wirtschaft, aber wir verlangen Fairness. Die Importe ruinieren unsere Industrie. Die Kosten sind nicht wettbewerbsfähig. Die Altkleider haben ja keine Produktionskosten, die Händler investieren nichts in das Land. Das meiste Geld geht ja nach draußen. Hier sind die Kosten für Rohstoffe und Produktion höher als die Altkleiderpreise.« Die Gewerkschaft fordert nun eine Limitierung der Importe, auch unter Qualitätskriterien. Weg mit den Lumpen. Über Importmengen von Altkleidern gibt es nirgends verläßliche Zahlen.

Foto: medusa-film

Beim Bier erzählt uns dann noch einer der Gewerkschafter, daß die Bedürftigen die Altkleider aus Europa sowieso nicht kaufen können. »Aber meine Kirche versorgt sie. Jedes Jahr sammeln wir in den Gemeinden hier Altkleider und schikken sie in den Norden. Wir können unsere Armen selbst versorgen!«

× Herr Quayson, Repräsentant des Textilunternehmer-Verbandes. Selbstkritik. Die Industrie hat zwei Hauptprobleme: zum einen die Ineffizienz durch veraltete Technologie, hohe Kosten, schlechte Qualität und Produktivität; zum anderen die Politik des Internationalen Währungsfond, IWF, und der Weltbank mit ihrem Druck zur

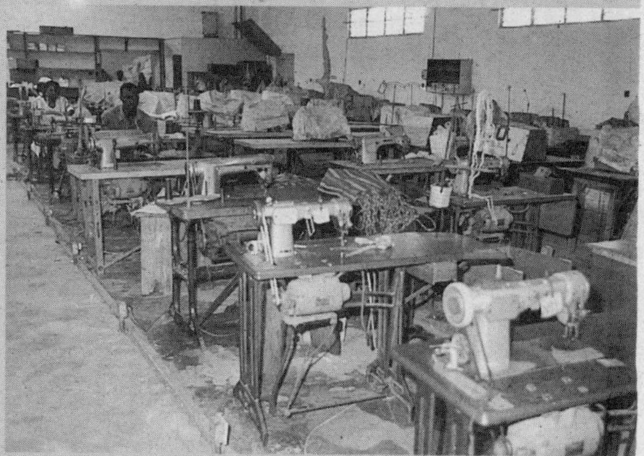

Foto: medusa-film

schnellen und radikalen Marktöffnung. Das bescherte der Industrie mitten im Modernisierungsprozeß eine Importschwemme, zu der sie nicht konkurrenzfähig sein können. Der Baumwollanbau geht zurück, seitdem die Industrie zum Teil zahlungsunfähig geworden war; die arbeitsintensiven Produktionszweige sind zusammengebrochen. Während man in den siebziger Jahren noch gute Geschäfte machen konnte, produzieren viele Betriebe heute mit einer Kapazitätsauslastung von 10–20 %. Mindestens 40 % der Kleidung wird heute importiert. Versuche, den Import zu beschränken, wurden durch die starke Lobby der Altkleiderhändler verhindert. Annäherungsversuche an den Verband der Händler sind gescheitert.

Die Textilindustrie ist der größte industrielle Beschäftigungsbereich in Ghana. »Aber wir müssen erst einmal im eigenen Land wettbewerbsfähig werden, dann erst können wir erfolgreich in den internationalen Markt gehen. Unter guten Voraussetzungen brauchen wir drei bis fünf Jahre, um international wettbewerbsfähig zu sein.« Und dann fügt er nachdenklich hinzu, »wenn die EU ihre Altkleider-Exporte regulieren würde, wäre das die beste Hilfe für uns. Mit den Altkleidern verhält es sich doch ähnlich wie mit der Lebensmittelhilfe, die die Leute für alle Zeiten abhängig macht.« Aber wenn die Leute nun mal europäische Mode bevorzugen? »Sie glauben doch nicht ernsthaft, daß die Nachfrage nicht sofort bedient werden könnte.«

Dienstag, 22. November

✖ Nachdem wir viele Appelle an die Regierung gehört haben, versuchen wir zum wiederholten Male unser Glück auf dem Wirtschaftsministerium. Dort erhoffen wir uns endlich Zahlen und Daten. Nach einiger Wartezeit werden wir vorgelassen. »Ja, das mit den Altkleidern ist ein Problem. Der Markt begann ja, um Leute zu kleiden, die von ihrer Kultur her keine Kleidung hatten. Inzwischen aber ist der Bedarf gedeckt und die Industrie kollabiert.« Er beklagt die Schwemme der Second-hand-Artikel, Kühlschränke, Autos, Fernseher usw.. Aber er sei eigentlich nicht der richtige Gesprächspartner für uns. »Moment, ich bringe Sie zu meinem Kollegen.«

Warten. Neue Tür. »In den 50er und 60er Jahren haben Nichtregierungsorganisationen und das Rote Kreuz die Altkleider gebracht, und wir haben sie hier an Bedürftige verteilt. Damals war das ein kontrollierter Markt mit guter Qualität. Heute ist das ein großes Problem. Aber ich bin da nicht der richtige Mann für Sie. Moment, ich bringe Sie zu einem Kollegen.«

Warten. Neue Tür. »Nein, Zahlen habe ich keine. Ich bin da vielleicht auch nicht der richtige Ansprechpartner für Sie, aber wenn Sie am Donnerstag um 11.00 Uhr anrufen, kann ich Ihnen vielleicht weiterhelfen« .... Na ja, war ja auch nur ein Versuch. Wir waren mehrfach vorgewarnt, im Wirtschaftsministerium seien viele durch kleine Aufmerksamkeiten inzwischen sehr wohlwollend für die Altkleiderhändler eingenommen.

✖ Weitere Fabrikbesuche.

Mittwoch, 23. November

✖ 'Daily Graphic': »Don't copy foreign fashions blindly« – der Arbeitsminister fordert die Ghanaischen Designer auf, nicht blind ausländische Modetrends zu kopieren und darüber die heimische Kultur und Tradition aus den Augen zu verlieren.

✖ Auf der Suche nach dem Weg fragt unser Taxifahrer immer wieder Passanten. Dabei spricht er mal Gaa, mal Twi oder andere Landessprachen. Woher weiß er, wie er die Leute ansprechen muß? »Ich erkenne das an den Farben und Mustern ihrer Kleidung.« (Dann dürften die europäischen Altkleider wohl einige Verwirrung stiften, vermuten wir.)

✖ Handelskammer. Auch hier keine Zahlen zur Textilindustrie oder dem Altkleidermarkt. »Wenn die Kammer Angebote für second-hand-Importe bekommt, landen sie gleich im Müll!« (???)

Donnerstag, 24. November

✖ Mit einigem Aufwand ist es uns gelungen, in noch einen der großen Industriebetriebe zu kommen. Eineinhalb Stunden Fahrt nach Akosombo. Hier, direkt am großen Staudamm hat ein Hongkong-Chinese eine moderne Fabrikanlage aufgebaut. Der Vorteil: Strom und Wasser das ganze Jahr. Diese Fabrik stellt Wax-prints her, die Verfahren sind geheim, weshalb wir auch nur einen Teil der Produktion sehen dürfen. Die Weberei ist beeindruckend. Über 1000 Webstühle machen einen ohrenbetäubenden Lärm. Auch hier wurden Arbeitsplätze abgebaut, verblieben sind immerhin noch 1.800. 22 Tonnen Baumwolle werden hier pro Monat verarbeitet. Der Maschinenpark kommt aus Japan und Deutschland. (Der Niedergang der afrikanischen Industrie muß wohl auch ein Einbruch für die europäische Textilmaschinenindustrie sein.)

Neben den wax-prints hat die Firma noch einen Konfektionsbetrieb, der ausschließlich für den Export produziert, europäische Mode. Früher wurde auch für den einheimischen Markt produziert, aber wegen der Altkleider .... »Jeder, der für den nationalen Markt Kleidung produzieren will, muß dumm sein,« erklärt uns der Geschäftsführer, Herr Woo, mit Überzeugung. Ghana verfügt über genug industrielle Kapazität, um den heimischen Markt zu versorgen, aber einige Betriebe müßten dringend modernisiert werden. Der Vorteil in Ghana: im Gegensatz zu den frankophonen Ländern in Westafrika ist der Cedi eine relativ stabile Währung und direkt konvertierbar. Die Textilindustrie in Ghana braucht keinen Protektionismus, sondern Förderung und faire Wettbewerbsbedingungen.

Freitag, 25. November

✖ Schneiderbetriebe. Keine Chancen auf dem heimischen Markt, aber Erfolg in den USA. Seit die Farbigen dort ihre afrikanischen Ursprünge wiederentdekken, hat die afrikanische Mode Konjunktur.

Samstag, 26. November

✖ Nochmals Markttag. Diesmal haben wir noch einen Ghanaer mitgenommen, der parallel zu uns in den verschiedenen Landessprachen recherchieren soll. Solange wir gemeinsam unterwegs sind, läuft alles gut. Allein unterwegs erlebt er allerdings einige Überraschungen. Die Leute sind mißtrauisch und halten ihn für einen Regierungskontrolleur. Uns gegenüber sind sie viel offener und eigentlich sprechen alle Englisch.

✖ Kantamanto-Markt. Mittleres Qualitätsniveau, ca. 1.500 Händler. Der Altkleiderhandel, so schätzt man hier, versorgt mittlerweile bestimmt 50 bis 60 % der Bevölkerung. An den Beteuerungen, daß die Kunden lieber Gebrauchtkleider als neue kaufen, beginnen wir allerdings mehr und mehr zu zweifeln.

Während die Händler sich alle gerne vor der Photokamera mit ihren Waren präsentieren, sind viele Kunden äußerst aggressiv. Jedenfalls der gut gekleideten Klientel scheint es doch peinlich zu sein, daß sie hier kaufen.

Sonntag, 27. November

✖ 'Ghanaian Voice': »50.000 Workers to lose Jobs« ("50.000 Arbeiter werden ihren Job verlieren") – die Textilgewerkschaft TGLEU will die Öffentlichkeit aufrütteln.

Dienstag, 29. November

✖ Unsere Weiterreise fiel wegen Krankheit ins Wasser. Abends erscheint plötzlich einer der drei Altkleiderhändler vom ersten Abend. Der Kontakt zu ihnen war abgebrochen, sie waren mißtrauisch geworden. Da wir inzwischen in Ghana auch die Filmgeschichte gefunden hatten, wollten wir eine Wiederbegegnung auf die Dreharbeiten verschieben. Umso überraschender also dieser Besuch. Wie sich herausstellte war Christian nur ein Landsmann, Kollege und Konkurrent der anderen beiden. Er hatte am Vortag nach uns gefragt und erfahren, daß wegen akuter Überbeschäftigung kein weiteres Treffen mehr stattgefunden hat. Daraufhin hat er die Chance genutzt, uns nochmals zu besuchen in der Hoffnung, Kontakte zu europäischen, am liebsten Schweizer Händlern zu bekommen. Nächstes Jahr wolle er ganz große Kundenwerbung machen. Im März werde er nach Australien fahren, dort beginne jetzt erst das Geschäft. Er wird dort kirchliche Partnerorganisationen suchen, denen er eine Kleiderballenpresse kauft. Im Gegenzug werden sie ihn dann exklusiv beliefern.

Donnerstag, 1. Dezember

✖ 8.00 Uhr Ankunft in Nairobi. Dauerregen. Erste Orientierungsbesuche.

Freitag, 2. Dezember

✖ Absoluter Kontrast zu Ghana: Es stellt sich als sehr schwierig heraus, Kontakte und Gesprächspartner zu finden. Standard-Antwort: Fragt nicht soviel, Schweigen ist besser für die Gesundheit. Wir zweifeln noch immer an den Gerüchten über die Altkleidermafia in Ost-Afrika.

× Wir erkunden erst einmal Einkaufszentren. Preise astronomisch, Kundschaft europäisch und indisch. Kenianer sind hier eher eine Attraktion. Dafür gibt es Burda-Moden. Woolworth bietet häßliche Hosenröcke für 80,– DM an. All überall wird Weihnachtsdekoration verstreut.

Foto: *Kerstin Stahlhut/Martin Egouli*

Samstag, 3. Dezember

× Schneiderbetrieb. In der Wohnung 7 Industriemaschinen, 4 Schneider. Die Chefin erzählt, wie sie 1991 begonnen hat. Die Nachfrage war noch gut. Vor einem Jahr hatte sie noch mehr Schneider beschäftigen können. Vor Weihnachten haben sie fast rund um die Uhr gearbeitet. Die Leute haben sogar bei ihr übernachtet. Jetzt, ein Jahr später ist es bedenklich ruhig. Früher wurden die Altkleider ins Land geschmuggelt. Aber seit der Marktöffnung fluten sie das Land. Kenia ist bitterarm geworden. Mit dem staatlich festgelegten Mindestlohn von 1.500 Kenia Shilling (= 56,– DM) kann man nicht auskommen. Wie soll eine achtköpfige Familie davon leben? Zwei Räume im Vorort kosten 600 Kenia Shilling, Transport 300 im Monat. Die meisten Leute gehen kilometerweit zu Fuß, um das Geld zu sparen. Dann muß man noch Schulgebühren rechnen, Essen, für Kleidung bleibt da kein Geld. Aber auch die Altkleider seien sehr teuer. Warum? Fragt nicht, es gibt nur einige wenige Importeure, »big men«.

Zuerst kamen die Kleider in den achtziger Jahren nach Tansania. Damals hatte Kenia den Import von Altkleidern verboten. Also gingen die Kenianer nach Tansania und kleideten sich dort ein. Der Schmuggel blühte und der Druck auf die Regierung wuchs, den Importstopp aufzuheben. Nun sind die Grenzen offen, die Altkleider fluten den Markt. Heute werden ca. 80 % des Bedarfs mit Altkleidern bedient, meint sie. Die einheimische Industrie produziert fast nur noch Schuluniformen, Hoteluniformen, Polizeiuniformen.

× Wir wollen zum Altkleidermarkt. »Da dürfen Weiße nicht hin, viel zu gefährlich!« Schließlich finden wir jemanden, der uns begleiten will. »Aber nur im Auto.« Doch der Regen hat die Sandwege aufgeweicht, das Auto kommt nicht durch. Also weiter zu Fuß, unser Begleiter fühlt sich sichtlich unwohl. Er taut auf, als er sieht, daß wir schnell mit den Händlern ins Gespräch kommen.

Der Gikomba Markt ist eigentlich ein ganzes Stadtviertel, ca. 4–5 km – mitten in Nairobi. Ein reiner Altkleidermarkt mit tausenden Händlern. So etwas haben wir noch nie gesehen. Die Bilder gleichen denen aus Ghana, nur die Dimensionen sind größer. Gute Qualität hängt auf Bügeln. Dicht gedrängt werden die Waren angeboten, dazwischen schmale Gänge. Billigware liegt am Boden, zerlöchert und verdreckt zu Preisen zwischen 0,50 und 1,50 DM. Dann das übliche Sortiment: Kleidung, Bettwäsche, Gardinen, Handtaschen, Schuhe. Besonders gefragt sind Krawatten, denn jeder Mann, der auf sich hält, trägt bei seinen Geschäften einen Schlips. Mitten auf dem Markt die Ballenverkäufer. Billig zu erwerben sind unsortierte, sogenannte Überraschungsballen, Preis 56 US-Dollar. Endpreise auf dem Markt: Marken-Sportstiefel ca. 50, Röcke 20 US-Dollar. Die Preise variieren nach der Qualität, liegen aber deutlich über den ghanaischen.

Sonntag, 4. Dezember

✖ Unser Hotel ist Auffanglager für Safari-Touristen. Kaum angekommen verkleiden sich die Menschen in tarnfarbene Tropenklamotten. Draußen in der Stadt trifft man nur Kenianer in europäischen und amerikanischen Altkleidern.

Das Hotel lädt ein zu einer Modenschau. Die Moderatorin lobt die Fashion Mode. »Sie denken, das kommt aus Europa? Irrtum, was Sie hier sehen, ist die neue Mode aus Südafrika!« Frauen-, Männer-, Jugend- und Kindermode wie frisch aus dem amerikanischen Fernsehen. Teuer, aber absolut im Trend. Das Publikum: Touristen und Ausländer, die in Nairobi arbeiten.

Foto: medusa-film

Montag, 5. Dezember

✖ DED. Der deutsche Entwicklungsdienst (DED) hat beschlossen, die Ausbildung für Schneiderinnen einzustellen, da sie nur in die Arbeitslosigkeit führt.

× Nach aufwendiger Suche finden wir das Büro der Textilgewerkschaft. Enger Raum, kein Telefon. Herr Ogendo ist Generalsekretär seit 1969. »Seit 1969 hatten wir nie solche Probleme wie in den letzten zwei Jahren mit den Altkleidern.« Die Probleme gleichen denen in Ghana. Importieren von Fertigwaren ist billiger. Die Produktion ist zu kostenintensiv und hoch besteuert. Die meiste Importware kommt unter Falschdeklaration ins Land. Die Bekleidungsindustrie war zuerst betroffen von der Importschwemme. Die Textilindustrie folgt, da es keine Nachfrage nach Stoffen mehr gibt. Anfragen an die Regierung sind zwecklos, da diese selbst in den Altkleiderhandel involviert ist.

Foto: medusa-film

Anfang der achtziger Jahre hatte die Textil- und Bekleidungsindustrie noch über 45.000 Beschäftigte, heute sind es knapp 20.000. In den letzten drei Jahren haben knapp 13.000 Arbeiter ihren Job verloren. Die meisten Firmen mußten schließen. Hinzu kommen nun die Beschäftigten aus dem informellen Sektor, die Schneider und Stoffhändler. Ogendo schätzt ihre Zahl nochmals auf 10.000. Heute arbeiten noch 40 % der Fabriken auf einer Kapazitätsauslastung von vielleicht 20 %. Es gibt Fabriken, die dieses Jahr noch nicht einen Auftrag gehabt haben, aber den Betrieb noch irgendwie aufrecht erhalten. »Dabei hätte Kenia die Kapazität, den heimischen Markt zu bedienen.«

Dienstag, 6. Dezember

× Die Geschichten von Ghana wiederholen sich in Kenia mit Variationen. Nur ist die Situation in Kenia noch krasser. Es soll nur drei Altkleider-Importeure geben, einer davon sei Gerüchten zufolge der Sohn des Präsidenten. Nachprüfen konnten wir das nicht, aber es wurde uns von verschiedenen Seiten berichtet. Es paßt allerdings zu der Aussage unseres Händlers in Ghana, der beim Stichwort Kenia nur abwinkte. Er habe dort auch schon verkaufen wollen, aber die Kenianer ließen niemanden in das Geschäft.

× Wir wenden uns an deutsche Experten, die schon seit Jahren hier als Unternehmensberater tätig sind. Die Situation der Textilindustrie hat sich seit 1985 drastisch verschlechtert. 60 bis 70 % ist bereits kaputt, etliche Firmen befinden sich zur Zeit im Konkursverfahren.

Mittwoch, 6. Dezember

✖ Fabrikbesuch Kyu-Garments Ltd., T-Shirt Herstellung. Ein ehemaliger Konkursbetrieb, der mit Hilfe von europäischen Experten wieder aufgebaut wird. Mit Hilfe der Schweizer Entwicklungshilfeorganisation OSEC und der »Deutschen Investitions- und Entwicklungsgesellschaft« (DEG) wurde der Betrieb wieder auf Produktion gebracht. Der derzeitige Geschäftsführer, Herr Weber, versucht mit Kyu-Garments das »Double Income Project«, kurz DIP, ins Leben zu rufen. Die Idee, die dahinter steckt: Der europäische Kunde zahlt 5 Rappen (circa 50 Pfennige) mehr für ein T-Shirt, dadurch verdoppelt sich der Lohn für die Näherinnen bzw. die sozialen Rahmenbedingungen im Betrieb. Die Lohnkosten in der Bekleidungsindustrie liegen bei 6 bis 7 % der gesamten Produktionskosten. Das DIP-Label garantiert sozial-ökologische Produktionsbedingungen, die von Schweizer Experten überprüft werden. Probleme gibt es in der Infrastruktur und mit den Produktionskosten. Zulieferer versäumen die Lieferfristen, so muß mangels Baumwolle die Produktion aussetzen. Oder es wird das falsche Garn geschickt oder die Preise steigen plötzlich ins Astronomische. Auch Kenias Industrie kämpft mit Produktionsausfällen durch Stromabschaltungen. Wenn das DIP-Label in Europa seinen Markt findet, könnte die Produktion ausgeweitet werden auf Shorts, Pyjamas, Kinderkleidung, Polo-Shirts – Weber hat da noch viele Ideen. In den hellen und freundlichen Produktionsstätten ist eine breite Palette moderner deutscher Textilmaschinen versammelt.

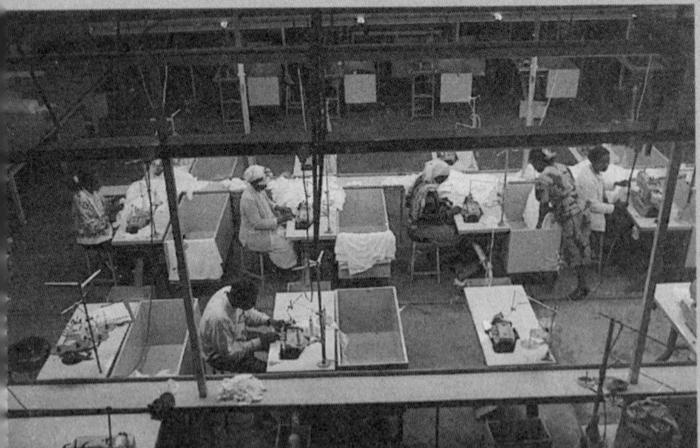

Foto: medusa-film

✖ Deutsche Experten evaluieren zur Zeit die Standards verschiedener afrikanischer Textilbetriebe. Bericht aus Tansania. Die Situation sei der in Kenia sehr ähnlich, nur noch krasser. Die heimische Textilindustrie bedient noch 10 % des nationalen Marktes, 30 % werden schätzungsweise durch Billig-Importe aus Asien gedeckt und 60 % durch Altkleider. In den letzten drei Jahren haben acht große Firmen geschlossen. Das bedeutete Arbeitslosigkeit für über 8.000 Textilarbeiter allein durch Betriebsschließungen. Der technologische Standard in der tansanischen Textilindustrie sei aber gut.

Donnerstag, 8. Dezember

✖ Der Zugang zur kenianischen Textil- und Bekleidungsindustrie bleibt problematisch. Inzwischen haben wir sehr diffuse Unterlagen über die bestehenden Betriebe. Demnach sind noch über zehn auf Produktion, ca. sieben Betriebe sind im oder kurz vor dem Konkurs, ca. fünfzehn haben bereits aufgegeben. Zahlen, die man mit Vorbehalt betrachten muß, die aber Richtwerte geben.

✖ Besuch bei einem europäischen Textilmaschinen-Vertreter. Herr Ghaemi kennt den Markt in ganz Ost- und Zentralafrika. Er bestätigt im wesentlichen die Informationen, die wir bereits haben. Die Produktionsprobleme der Industrien in Kenia, Tansania, Uganda usw. gleichen sich. Die Folge: zu hohe Produktionskosten. »Wer heute noch existiert, ist exportorientiert.« Die Qualitätsunterschiede sind enorm. Es gibt wohl die musealen Betriebe, aber etliche hätten in den letzten Jahren investiert und verfügen über moderne, hochwertige Maschinen. Leider mußten viele ihre Produktion auf 20 % der Kapazität herunterfahren.

»Aber der lokale Markt ist heute praktisch fertig. Die Altkleider zerstören gerade den gesamten Markt Ost- und Zentralafrikas.« Die Praktiken der Importeure scheinen überall ähnlich, Unter- und Falschdeklarationen drücken die Zölle.

✖ Fabrikbesuch. Durch Vermittlung und Bürgen gelingt es uns endlich, einen der gutgehenden Betriebe zu besuchen. Voraussetzung: wir müssen unserem Gesprächspartner Anonymität zusichern. Laut einer Studie der Entwicklungsbank von 1986 hat die Textilindustrie von Kenia die Kapazität, 22 Millionen Menschen komplett einzukleiden. Große und mittelständische Industrie wäre ausreichend vorhanden. Aber in den letzten 15 Jahren sind keine neuen Betriebe hinzugekommen.

Heute existiert die Industrie so gut wie nicht mehr. Es gibt keinen Betrieb, der noch ausgelastet arbeitet. Vor einem Monat traf sich der kenianische Verband der Textilindustrie. Es gab keine Erfolgsmeldungen. In den letzten sechs Monaten hat niemand gute Aufträge gehabt. Alle halten ihre Fabriken noch so halb aufrecht, viele produzieren auf Lager. Die Konkursrate steigt. Zur Zeit

Foto: medusa-film

überleben nur noch die privaten Hersteller, die Kapitalrücklagen haben. Aber das geht noch maximal ein Jahr. »Wer kann erwägt, das Land zu verlassen.« Gegen die Dumping-Importe kommt niemand an. Die Zölle auf Importe sind hoch und Technologie, Material, Ersatzteile, Farbstoffe – alles muß importiert werden. »Europa und USA schützen ihre Märkte, uns ist das verboten.« Hier in Kenia sind nur Land und Arbeit billig. Es fehlt an Facharbeitern, die Ausschußrate ist hoch. Früher hat Kenia noch Baumwolle exportiert, heute muß selbst das importiert werden. Vor ca. vier Jahren hatte die Textilindustrie noch 20.000 Beschäftige, heute sind es vielleicht noch 8.000.

Heute machen nur noch Altkleiderhändler Geschäfte. Vor drei Monaten standen im Hafen 3.000 Container ohne Deklaration. 2.000 waren gefüllt mit Kleidung. Holt niemand die Container ab, werden sie nach einer Weile versteigert, ohne daß der Inhalt geprüft wird und vor allem ohne daß Steuern und Zölle bezahlt werden müssen. Da die meisten Bieter nicht wissen, was in den Containern ist, sind sie billig zu haben. Die Altkleiderhändler dagegen wissen genau, welche Container sie ersteigern wollen, denn sie haben ja die Nummern. Dieses Spiel wiederholt sich alle zwei Monate. »Und ich bekomme meinen Container mit Maschinenteilen nicht aus dem Hafen, weil die Kleidercontainer alles verstopfen.«

»Was können wir als Textilverband dagegen tun? Garnichts. Sogar die Presse boykottiert uns.«

Freitag, 9. Dezember

✖ Maridadi-Fabrics, ein Schneiderbetrieb in Nairobi. Maridadi entstand als Projekt für alleinerziehende Frauen. Manche arbeiten hier nun schon seit 20 Jahren. Sie nähen Kleidung, Taschen, Stofftiere. 65 % gehen in den Export nach Europa, ihre Kunden sind GEPA, Missio, Oxfam Kanada, usw. 35 % werden lokal verkauft, vorrangig in Hotels. Projektträger ist die Protestantische Kirche von Kenia, heute finanziert der Betrieb sich selbst.

Den Kenianischen Markt können sie nicht beliefern, da die billigen Altkleider sie aus dem Wettbewerb warfen. Die Leute kaufen auf dem Gikomba-Markt. Dort kaufen auch viele Boutique-Besitzer, die die Kleidung dann reinigen, bügeln und als Neuware teuer weiterverkaufen.

Nachtrag

Bei den Dreharbeiten in Ghana im Frühjahr 1995 müssen wir feststellen, daß die Situation sich zugespitzt hat. Einige Unternehmer wollen nicht mehr vor die Kamera aus Angst vor der Altkleiderlobby. Vereinbarte Interviews werden kurzfristig abgesagt, Drehzusagen zurückgezogen. Die Gewerkschaft ist auch zurückhaltender geworden, um sich die Sympathien in der Regierung nicht zu verscherzen.

Die Altkleidermärkte haben expandiert, trotz angehobener Einfuhrzölle. Noch ist unklar, wie die Regierung sich verhalten wird. Es herrscht aber allgemeiner Konsens darüber, »in fünf Monaten hättet ihr vielleicht gar keine Drehgenehmigung für dieses Thema hier mehr bekommen«.

Franziska Strobusch / Boris Terpinc

Foto: medusa-film

Tansania

Ende 1994 erschütterten Korruptionsskandale die politische Landschaft Tansanias. Großbritannien drohte, alle Entwicklungshilfezahlungen zu stoppen, bis die Korruption und der daraus resultierende Verlust von Steuereinnahmen unterbunden werden. Die Weltbank unterstützte diese Position, Schweden, Norwegen und weitere Geberländer schlossen sich der Maßnahme an *(African Business 9/1994, 48 und 2/1995, 33)*. Hauptvorwurf der Geberländer: Während sie der tansanischen Regierung Geld überweisen, um den Staatsapparat am Leben zu erhalten, verlor diese »durch entgangene Staatseinnahmen durch obskure Zollbefreiungen im Umfang von 130 Millionen $« mögliche Einnahmen *(bfai 1995, Tansania, 1)*.

Mit im Zentrum der Skandale: Der Handel mit Altkleidern, gegen den die einheimischen Hersteller seit Jahren protestieren. In einer 1991 für die deutsche »Gesellschaft für technische Zusammenarbeit« (gtz) verfaßten Studie über die Textilindustrie Tansanias findet sich folgender Passus: »Seit 2 Jahren ist der Import von gebrauchten Bekleidungsstücken zwar mit Importzöllen gestattet. Für diese zahlt der Käufer in den Industrieländern ca. 0,50 US$/kg, der Verkäufer im Land jedoch erwirtschaftet zwischen 8,– und 10,– US$/kg. Die anfallende Importsteuer wird oft durch falsche Deklaration zudem noch umgangen. Leider wird manchmal innerhalb der Container noch zusätzlich Neuware geschmuggelt« *(gtz 1991)*.

Die Hinterziehung der Steuern lief vor allem bei der Umgehung von Zöllen im großen Stil ab. Nach Einschätzung der deutschen Bundesstelle für Außenhandelsinformation sind die Beschwerden des tansanischen Industrieverbandes berechtigt, »soweit es sich um die verbreiteten Praktiken von Schmuggel, Unterfakturierung sowie Importen von qualitativ minderwertiger Ware handelt«.

Eine von solchen Mißständen besonders betroffene Branche ist die Textilindustrie. Ähnlich wie auch in Nachbarländern überschemmen große Mengen europäischer Gebrauchtkleidung, häufig aus karitativen Kleidersammlungen stammend, die lokalen Märkte. Eine Rolle spielt ebenfalls als Variante des weit verbreiteten Schmuggels die illegale Verbringung von als Transitgut deklarierten Textilien ins Inland.

Die tansanische Textilindustrie galt noch Ende der 80er Jahre als erfolgreichste Branche im Land. Doch inzwischen haben Importe nach Angaben der Textile Manufacturers' Association of Tanzania (Texmat) 90 % des Marktes erobert. Diese Einfuhren – so behauptet Texmat – tragen nur zu rd. 10 % zum Steuer- und Abgabenaufkommen der Gesamtbranche bei.« *(bfai 1995, Tansania, 6–7.)*

Wie lukrativ der illegale Import der Altkleider ist, zeigen folgende Zahlen: Eigentlich hätten die Altkleiderimporteure 50 Prozent Einfuhrzoll, 30 Prozent Verbrauchssteuer und weitere 30 Prozent Umsatzsteuer zahlen müssen.

Der Schaden für die tansanische Textil- und Bekleidungsindustrie kann nicht beziffert werden. Neben den Billigeinfuhren von Neuwaren aus Fernost sind Altkleider überall in Tansania erhältlich und preiswerter als die einheimischen Produkte.

1990 für Altkleider gezahlte Preise[13]

	Second-Hand-Kleidung	eigene Produktion
Mädchenkleider	2 DM	5 DM
Herrenoberhemden	3–5 DM	20 DM
Frauenkleider	10–20 DM	40 DM
Herrenanzüge	20–130 DM	60 DM

Der Preis für Second-Hand-Ware liegt bei der Hälfte bis einem Viertel des Preises der einheimischen Produkte. Demnach wäre der Preisvorteil für die Altkleider schon dann wesentlich geringer, wenn die Steuern ordnungsgemäß entrichtet worden wären.

Der illegale Import der Altkleider lief auf verschiedenen Wegen ab. Gängigste Praxis war die Verbringung der Altkleider – sowie von Lebensmitteln, gebrauchten und neuen Autos etc. – in Lagerhäuser, die dem Zoll direkt unterstanden. »Es ist kein Geheimnis, daß bisher in der Praxis ein erheblicher Teil der Importe, deklariert als Transitgut, z. T. mit gefälschten Papieren oder mit Bestechung der Zöllner unter Umgehung von Abgaben auf den inländischen Markt gelangt.« *(NfA 10.4.1995.)* Gegen entsprechende Leistungen bekamen die Importeure die Ware aus diesen Häusern, ohne Zollabgaben entrichten zu müssen. Der tansanische Präsident Mwinyi ordnete eine Untersuchung dieser

[13] Während einer Ostafrikareise 1989/90 von der Journalistin Christa Wichterich gesammelte Zahlen.

Lagerhäuser an, denn es »gebe Anzeichen dafür, daß manch ein Importeur den Zoll ganz umgangen hat, daß die der Zollaufsicht unterstehenden Lagerhäuser dazu dienten, Waren unverzollt ins Land zu schmuggeln« *(Daily News, 9.11.1994).* Hohe Regierungsstellen sollen in die illegalen Geschäfte verwikkelt sein, indem sie bestimmten Händlern Steuernachlässe gewährten. »In einer Erklärung der Industrie-, Handels- und Landwirtschaftskammer heißt es: 'Man weiß, daß diejenigen, die durch Steuererlaß reich werden, im Finanzministerium, im Investitionsförderungszentrum, in der Zoll- und in der Steuerbehörde sitzen, um nur einige zu nennen'« *(Daily News, 21.11.1994).* Ende 1994 wurden in einem ersten Schritt 41 der 135 Lagerhäuser geschlossen. Alle illegal eingeführten Waren sollten beschlagnahmt werden *(Daily News 21.12.1994 und 29.12.1994).*

Wohl als Folge dieser Maßnahmen verdreifachten sich Anfang 1995 die Preise für Altkleider auf den tansanischen Märkten. Nach der Unterbindung zumindest der illegalen Importe wurde die Ware knapp (Business Times 27.1.1995).

Während die tansanische Regierung umgebildet wurde und zumindest einige der Beschuldigten ihre Jobs verloren, bleiben die anderen Profiteure des Geschäftes unbehelligt: Die Altkleiderlieferanten aus den Industrienationen können von Tansania aus nicht belangt werden. Sollte es auch deutsche Firmen geben, die von den Bestechungen profitierten, so verdienten diese gleich mehrfach. Sie konnten die Ware unterfakturieren und so Steuern sparen, sie konnten Waren verkaufen, die sonst nicht nach Tansania gegangen wären und zudem die Schmiergelder beim hiesigen Fiskus von der Steuer absetzen[14].

Dabei ist Tansania eigentlich prädestiniert für die Produktion von Textilien und Bekleidung: Es wird im größeren Umfang Baumwolle angebaut, und es existiert eine lange Tradition der Herstellung von Textilien und Bekleidung. Nach der Erringung der Unabhängigkeit plante die Regierung, eine moderne Industrie aufzubauen. Man kaufte Maschinen und holte Experten – vor allem aus Pakistan – ins Land. Anfang der siebziger Jahre versuchte man, von ausländischem Fachpersonal und der Einfuhr von Ersatzteilen unabhängig zu werden, was auch teilweise gelang *(Mytelka 1985, 115–117).*

---

[14] Zum deutschen Steuerrecht und Korruption siehe Fues/Welter 1995. In dem gleichen Sammelband finden sich noch weitere Aufsätze über Korruption in Deutschland und weltweit sowie die Schäden, die durch Korruption entstehen.

Die Textil- wie auch die Bekleidungsindustrie expandierten über Jahre hinweg. 1990 arbeiteten im Textilgewerbe 36.400 Beschäftigte in 135 Betrieben. Weitere nahezu 5.000 Menschen arbeiteten in der Lederbe- und verarbeitung und der Schuhherstellung. Noch 1991 wurden 62,8 Mill. m^2 Textilien hergestellt *(Statistisches Bundesamt, Tansania 1994, 58 und 62).* Wie viele hundert oder tausend kleine Betriebe neben den größeren erfaßten noch existierten, ist keiner Statistik zu entnehmen.

Noch vor wenigen Jahren gab es im Lande viele Textilfirmen, die auf dem Weltmarkt konkurrenzfähig waren und exportierten. Die Gesellschaft für technische Zusammenarbeit (gtz) ließ Studien über einzelne Textilbetriebe erstellen. Die der gtz angegliederte Firma PROTRADE berät Textil- und Bekleidungshersteller einzelner Länder. Ziel ist, durch Produktivitätssteigerungen, besseres Design und die Einhaltung internationaler Standards die Exportfähigkeit der Betriebe zu steigern. In der Studie zu Tansania aus dem Jahre 1991 listeten sie neun Firmen mit fast 13.000 Beschäftigten auf, die im größeren Stil Textilien exportierten. Die Exporte gingen nahezu ausschließlich in Staaten der europäischen Union.

Inzwischen sind diese Zahlen Geschichte. Während Importe ins Land strömen, leidet die eigene Industrie unter einer chronischen Unterauslastung. »So wird etwa die Nutzung der Produktionsmöglichkeiten in der Textilindustrie, trotz der Belebung durch stärkere Beteiligung der Privatwirtschaft, für 1990

Firmenanalyse der exportierenden Betriebe in Tansania:

Firma	Exportanteil (%)	Beschäftigte
Calico	9	450
J. V. Textiles	10	600
Polytex	8	2.000
Canvas	65	1.062
Sunflag	50	1.800
A+Z Textiles	60	2.400
C.I.C. Textiles	40	1.800
Mwatex	10	995
Mwanza	10	1.780

Quelle: gtz 1991

mit gerade 19 % beziffert.« *(bfai 1992, Tansania, 3.)* Die Produktionskapazitäten lagen demnach zu 80 % brach und die Firmen gingen bankrott.

Anfang 1993 drohte die Schließung von Mwatex, dem wahrscheinlich größten Textilwerk in Ostafrika. 1974 wurden hier 22,4 Millionen Meter Stoff hergestellt, 1992 waren es noch 5,1 Millionen Meter. In den ersten 3 Monaten des Jahres 1993 wurden bei einer potentiellen Monatskapazität von 3,6 Millionen Meter Stoff nur insgesamt 0,29 Millionen Meter hergestellt. Der Verband der tansanischen Textilindustrie macht Importe für diesen Niedergang mit verantwortlich *(Daily News 9.5.1993; Family Mirror Juni 1993/II)*. Mittlerweile wurde Mwanza ebenso geschlossen wie etliche andere Firmen, und es gingen nach Aussagen der »Textile Association« circa 20.000 Arbeitsplätze verloren.

Gleichzeitig wird der größte Teil der Baumwollernte ins Ausland exportiert. 1990 verließen von den 52.000 geernteten Tonnen 46.290 Tonnen das Land. Für die Baumwollausfuhren erzielte man einen Erlös von 74,55 Millionen US-Dollar *(bfai 1992, Tansania, 6–7)* – und importierte Textilien und Bekleidung für eine wesentlich höhere Summe. »Die Probleme der Textilindustrie lassen sich leicht an der Einfuhrstatistik ablesen, die bei der Position für 1992 sprunghaft gestiegene Importe in Höhe von 312,3 Mio. $ (1991: 20,6 Mio) und für 1993 erneut 308,9 Mio. auswies.« *(bfai 1995, Tansania, 9.)*

Solche Importe sind jedoch nicht die alleinige Ursache der Krise der tansanischen Textil- und Bekleidungsindustrie. Die marode Wirtschaftslage erschwert jede geregelte Produktion von Gütern aller Art. Ständige Stromabschaltungen und eine unregelmäßige Versorgung mit Baumwolle (die vorzugsweise in den Export gehen soll), Mißmanagemet, finanzielle Engpässe, veraltete Maschinen, fehlende Ersatzteile und die geringe Qualtität der Produkte lassen wenig Hoffnung auf eine Aufwärtsentwicklung aufkommen. Und solange staatliche Stellen sich lieber von den Altkleiderexporteuren der Industrienationen bestechen lassen, als substantielle Pläne für eine Modernisierung der eigenen Textil- und Bekleidungsindustrie umzusetzen, werden wohl noch mehr Menschen ihre Arbeitsstellen verlieren und zunehmend von der Hilfe der Industrienationen abhängig sein. Um dieser Entwicklung entgegenzuwirken müßte hier in Deutschland kontrolliert werden, ob auch deutsche Firmen an dieser Entwicklung mitschuldig sind.

Sambia

Sambia befindet sich weiterhin in einer massiven wirtschaftlichen Krise. Das Bruttosozialprodukt schrumpfte über Jahre hinweg, und das Realeinkommen pro Kopf der Bevölkerung sank zwischen 1987 und 1991 von 250 US-Dollar auf 220 US-Dollar. Die Weltbank hat das Land inzwischen »von einem Entwicklungsland der 'unteren Mittelklasse' zu einem 'low income'-Land« zurückgestuft *(bfai 1992, Sambia, 2)*. Eine Ursache für den wirtschaftlichen Niedergang ist der Verfall der Weltmarktpreise für Zink und vor allem für Kupfer. Der Kupferpreis halbierte sich zwischen 1980 und 1987. 1986 machte Kupfer 77,90 Prozent der Exporte Sambias aus. Zeitweise waren es sogar mehr als 95 Prozent *(Michler 1991, 140 und 120)*.

Die Krise im Bergbausektor, die zu einer steigenden Arbeitslosigkeit, stark fallenden Steuereinnahmen und zunehmenden Handelsbilanzdefiziten führte, weitete sich zur Krise des gesamten Landes aus. Dazu kamen noch Fehlentscheidungen in der Wirtschaftspolitik und ein langes Zögern, bis das Ruder herumgeworfen wurde.

Im März 1990 war das hochverschuldete Land zahlungsunfähig. »Angesichts der schmalen Ausfuhrbasis hat Sambias Schuldenstand mittlerweile ein Ausmaß erreicht, das kaum noch zu bewältigen ist. Aktuelle Schätzungen sprechen von 7,2 Mrd. $ Ende 1990.« *(bfai 1992, Sambia, 2.)* Um wieder liquide zu werden, mußte mit dem Internationalen Währungsfonds und der Weltbank verhandelt werden. Neue Kredite gab es nur gegen die Übernahme eines vom IWF verordneten Reformprogrammes, das zur Gesundung der Wirtschaft führen sollte.

Optimistische Prognosen gibt es lediglich für den landwirtschaftlichen Bereich. Die sambische Regierung und die African Development Bank gehen für 1995 von einem hauptsächlich durch die Landwirtschaft getragenen Wirtschaftswachstum in Höhe von 4–5 Prozent aus *(bfai 1994, Sambia, 2)*.

Die verordneten Maßnahmen trafen die Textil- und Bekleidungsindustrie hart. Nach Einschätzung von Hein Möllers, Mitarbeiter der Informationsstelle südliches Afrika (ISSA), war die zuvor lange praktizierte Wirtschaftspolitik eine Ursache der Krise. Sambia hat seinen Textilsektor jahrelang über Importverbote und Zölle gegen Konkurrenz abgeschirmt. Die Produzenten konnten mit sicheren Gewinnspannen kalkulieren. Die Folge war eine Textilindustrie, die zu relativ hohen Preisen produzierte und zudem von Subventionen abhängig blieb. Eine fortlaufende Modernisierung der eigenen Industrie erschien unnötig. Die Produktionskosten waren und blieben sehr hoch, und die produzierte Ware war von schlechter Qualität *(Möllers 1993)*.

Die wirtschaftliche Krise und das verordnete Strukturanpassungsprogramm – Abwertung der heimischen Währung, Anhebung des Zinsniveaus, Streichung von Subventionen, Importliberalisierung und Schließung unrentabler staatlicher Produktionsbetriebe – führte zum Zusammenbruch weiter Teile der Textilproduktion. Doch auch die Importe, und hier vor allem die Altkleiderimporte, schädigten die bestehende Produktion. »In besonderen Schwierigkeiten befindet sich die Textilindustrie, die unter hohen Zöllen für ihren Importbedarf und scharfem Wettbewerb durch ausländische Billigprodukte leidet. Die Erzeugung war 1992 um 30 % rückläufig (lt. NCDP). Nach Angaben der nationalen Industrie- und Handelskammer mußten bereits 18 Textilfirmen ihre Tore schließen, und in weiteren, wie dem größten Bekleidungshersteller Mulungishi Textiles in Kabwe, kam es zu umfangreichen Entlassungen.« *(bfai 1994, Sambia, 4.)* Eine Reihe von Firmen versucht zur Zeit, über Investitionen in den Maschinenpark wieder konkurrenzfähig zu werden. Allein im ersten Halbjahr 1993 importierte Sambia Textil- und Lederindustriemaschinen im Wert von 17,7 Millionen DM aus Deutschland *(bfai 1994, Sambia, 7)*.

Der Neuaufbau wird durch diese wirtschaftlichen Rahmenbedingungen erschwert. Die Inflation ist nahezu außer Kontrolle geraten, und die Zinsen für Kredite lagen 1993 zwischen 40 und 140 Prozent *(Denconsult 1993, 9)*. Zudem erhöht das sinkende Pro-Kopf-Einkommen die Nachfrage nach möglichst billiger Kleidung.

Diese Nachfrage befriedigen Altkleider. Inzwischen decken sie circa 80 Prozent des Bedarfes an Kleidung *(Denconsult 1993, 17)*. Käuferbefragungen haben gezeigt, daß die Oberschicht des Landes hauptsächlich neue Importkleidung nachfragt, während der Mittelstand einen großen Teil seines Bedarfes mit Altkleidern deckt. Der verarmte Teil der Bevölkerung – also die breite Masse – kauft nahezu ausschließlich Altkleider. Einzig die Schuluniformen und teilweise die Arbeitskleidung kommen noch aus einheimischer Produktion. Es wird geschätzt, daß 1992 circa 32.400 Tonnen Altkleider eingeführt wurden *(Denconsult 1993, 18–21)*.

Dies sind 32.400.000 Kilogramm. Nimmt man erneut 1 Kilogramm = 4 Altkleider, dann führte Sambia 1992 mehr als 120 Millionen Einzelstücke ein. Bei einer Bevölkerung von ungefähr 8 Millionen Menschen bedeutet dies, daß pro

Person 15 Altkleider importiert wurden, die zu einem großen Teil wieder exportiert wurden.

Der genaue Wert dieser Einfuhren ist nicht bekannt. Man nimmt an, daß die bei den Behörden angegebenen Zahlen viel zu niedrig sind. Da bei der Einfuhr von Altkleidern Zollgebühren zwischen 20 und 40 (zuvor sogar 100) Prozent des angegebenen Wertes der Waren fällig werden, geben die Importeure in den Papieren einen möglichst niedrigen Wert an *(Denconsult 1993, 21)*. Die Preise der Altkleider liegen bei weniger als der Hälfte der einheimischen Produktion.

Kleiderpreise in Sambia
Alle Angaben in Kwacha.
Wechselkurs zum Zeitpunkt der Datenerhebung Mitte 1993:
550 Kwacha = 1 US-Dollar. Demnach sind 1000 Kwacha circa 3 DM.

	Neu-Importe	lokale Produktion	Second-Hand
Männerhosen	9–24.000	3–10.000	2.500–4.000
Herrenhemden	7–10.000	3–5000	–
Frauenkleider	30–10.000	8–15.000	1–2.500
Blusen	20–40.000	2.500–7.000	1.500
Röcke	5–15.000	4–8.000	800–1.200

Quelle: Denconsult 1993, 34.

Der Einfuhr der Altkleider wird von 8–10 Großimporteuren kontrolliert. Der Vertrieb auf die Märkte läuft über deren Filialen und über 5000–6000 kleinere HändlerInnen *(Denconsult 1993, 22–23)*. Die Verfügbarkeit der billigen Altkleider hat die Konsummöglichkeiten der armen Bevölkerung erhöht. Das Angebot an Kleidern ist viel größer geworden, und die niedrigen Preise geben den Armen die Möglichkeit, mehr Kleider zu erwerben. Zudem wurden im Handel und in den Reparaturbetrieben circa 13.000 Jobs geschaffen. Allerdings gingen in der Textil- und Bekleidungsindustrie allein 1993 auch bis zu 7000 Arbeitsplätze verloren *(Denconsult 1993, 27–30)*. Addiert man jedoch die 8500 Arbeitsplätze dazu, die nach anderen Quellen 1992 in der Textilindustrie vernichtet wurden, zeigt sich, daß durch den Altkleiderhandel mehr Arbeitsplätze in der Produktion verlorengingen als neu entstanden *(Mayer 1993, 2)*.

Eine genaue Bilanzierung der Auswirkungen der Altkleiderimporte auf die sambische Wirtschaft läßt sich auf der Basis der vorhandenen Daten nicht erstellen. Die auf den vergangenen Seiten immer wieder zitierte Denconsult-Studie kommt zu einer positiven Schlußbewertung: Die Kosummöglichkeiten seien stark gestiegen und es seien Arbeitsplätze entstanden.

Hier werden jedoch einige wichtige Fragen nicht beantwortet:

- Wie groß ist der Abfluß von Devisen, mit denen die Altkleider schließlich bezahlt werden müssen? Fehlen diese Devisen nicht an wichtiger Stelle – beispielsweise bei der Modernisierung der eigenen Textil- und Bekleidungsindustrie?
- Wie ist es langfristig zu bewerten, daß zwar Arbeitsplätze im Handel entstanden, doch Arbeitsplätze im produzierenden Gewerbe verlorengingen? Kann man diese so ohne weiteres gegeneinander aufrechnen, wie es in der Studie getan wird? (Die Erfahrungen in Ostdeutschland nach der Vereinigung haben doch eigentlich gerade uns Deutschen genau das Gegenteil bewiesen: Eine gesunde Wirtschaft kann ohne eine eigene Produktionsbasis nicht existieren!)
- Hat die einheimische Textil- und Bekleidungsindustrie gegen die Konkurrenz der marktbeherrschenden Altkleiderimporte überhaupt die Chance, wieder Fuß zu fassen?

Mosambik

In Mosambik war aufgrund eines Erlasses der portugiesischen Kolonialregierung die Produktion von Textilien und Bekleidung bis 1944 verboten. Erst gegen Ende der Kolonialherrschaft begannen die Portugiesen mit dem Aufbau einer Textilindustrie im Lande selbst *(Weinmann 1993, 80)*. Der von 1964 bis zur Unabhängigkeit 1975 gegen die Kolonialmacht geführte Befreiungskrieg ging in einen Bürgerkrieg zwischen der marxistischen Frelimo-Regierung und der von Südafrika unterstützten Renamo-Rebellenorganisation über. Die 'Kriegstaktik' der Renamo bestand aus Terror: Die Infrastruktur und alle erreichbaren Produktionsbetriebe, selbst Schulen und Gesundheitsstationen, wurden zerstört. Circa 1 Million Menschen starb an den Folgen des Krieges. Weitere 2 Millionen Menschen sind aus den Kriegsgebieten geflohen, die Hälfte von ihnen ins Ausland *(Michler 1991, 295–302 und 309–311)*. Aufgrund der Zerstörung von Produktionsstätten und Infrastruktur ist eine vollständige Versorgung der

Bevölkerung mit Textilien aus eigener Produktion nicht möglich.

Die Angaben über den Anteil der Altkleiderimporte am Gesamttextilmarkt schwanken zwischen 32,3 Prozent und 50 Prozent *(Weinmann 1993, 82; Denconsult 1993, 48)*. Der Verkaufspreis der Altkleider liegt bei einem Drittel des Preises der einheimischen Produkte. Dennoch wurde anfangs der neunziger Jahre durch den Altkleiderhandel kaum einheimische Produktion verdrängt, da die Produzenten weder in der Lage waren, die Nachfrage nach Kleidung zu decken, noch zu Preisen produzieren konnten, die für die verarmte Masse der Bevölkerung bezahlbar sind *(Weinmann 1993, 88–90)*. Ein Bericht aus Mosambik beschreibt die Lebenssituation einer Familie auf dem Lande folgendermaßen: »Sie haben weder Stuhl noch Tisch, kein Bett, keinen Schrank. Ganz zu schweigen von fließendem Wasser, Stromanschluß oder gar einer Toilette. An Kleidern besitzen sie außer ein paar Fetzen nur das, was sie täglich am Leib tragen. Jaime ist stolz auf sein Schuhwerk: ein paar ausgetretene Arbeitsschuhe sowie Gummistiefel, mitgebracht aus Südafrika, wo er zwei Jahre lang in einem Bergwerk gearbeitet hat. Die Kinder und die Frau gehen barfuß« *(Grill 1995)*. Dies ist eine der Familien, die dringend Kleidung benötigten, die möglichst wenig oder gar kein Geld kostet. Und sie ist damit eine der Familien, denen die deutschen SpenderInnen mit ihren Altkleidern helfen wollen. Das aber bedeutet Kosten für die exportierende Organisation und nicht Erlöse, da die potentiellen EmpfängerInnen nichts oder nahezu nichts für die Kleidung zahlen können.

Die geringe Kaufkraft der Bevölkerung hat auch hier dazu geführt, daß in den vergangenen Jahren entweder überhaupt keine oder nur sehr geringe Mengen Altkleider aus Deutschland nach Mosambik exportiert wurden. Anscheinend sind die deutschen Altkleider zu teuer. Ungefähr die Hälfte der mosambikanischen Altkleidereinfuhren kommt entweder als Spende ins Land oder wird von Hilfsorganisationen verkauft *(Denconsult 1993, 48)*.

Auch in Mosambik sollten die Hilfsorganisationen die weitere Entwicklung im Auge behalten. Der begonnene Friedensprozeß und die Wahlen können die innenpolitische Situation im Lande in den nächsten Jahren so weit verbessern, daß an eine Modernisierung der einheimischen Textil- und Bekleidungsindustrie zu denken ist. Dann könnten die billigen Altkleider eine Konkurrenz sein, die jeden Neuaufbau verhindert.

An dieser Stelle muß allerdings auch die Frage gestellt werden, ob es nicht sinnvoller ist, statt die Transportkosten für Altkleider zu zahlen, den Versuch zu unternehmen, der heimischen Textil- und Bekleidungsindustrie eine Starthilfe zu geben. Eben dies versuchen einige Hilfsorganisationen. Sie haben erkannt, daß es für den zukünftigen Frieden im Lande sehr wichtig ist, daß die ehemaligen Soldaten einen Arbeitsplatz und damit ein Auskommen finden. Sonst droht die Ausbreitung der Kriminalität und vielleicht sogar ein Wiederaufflammen des Bürgerkrieges. Auch deutsche Hilfsorganisationen wollen dies verhindern, indem sie Nähmaschinen gegen Maschinenpistolen eintauschen. So sollen die Soldaten entwaffnet werden, und ihnen wird zugleich die Möglichkeit gegeben, einen Beruf zu ergreifen *(epd-Entwicklungspolitik 19/94, 13).*

Jede Organisation und auch jede kommerzielle Firma, die weiterhin Altkleider nach Mosambik liefert, ohne genau zu überprüfen, ob diese auch tatsächlich die Bedürftigen erreichen oder nur den Wiederaufbau der heimischen Wirtschaft zerstören, sollte sich genau überlegen, was sie mit ihren Geschäften anrichten kann. Das Wiederaufflammen des Bürgerkrieges in Angola, wo die Ausgangssituation ähnlich war, führte seit 1993 zum Tod von circa 500.000 Menschen!

Altkleider in Mosambik

Ein Erfahrungsbericht von Eckehard Fricke, der 1988–1994 in Mosambik lebte und arbeitete.

Mosambik ist nach den Statistiken das ärmste Land der Welt, zumindest wenn man das Bruttosozialprodukt pro Kopf zugrundelegt. Es ist ein Land, das nach jahrzehntelangem Bürgerkrieg erst im Oktober 1992 zu einem Friedensschluß kam. Außer dem Krieg haben Naturkatastrophen, tropische Stürme, Überschwemmungen und Dürre das ostafrikanische Land verheert. Wo wenn nicht hier scheint Nothilfe angebracht, brauchen Menschen das Nötigste zum Leben, d.h. Nahrung, Kleidung, ein Dach über dem Kopf. Tatsächlich gab es diese Bilder: Entkräftet und mit weichgeklopfter Baumrinde (die eine textile Struktur hat und traditionell früher zur Bekleidung verwendet wurde) bekleidet kamen sie zu Tausenden, hauptsächlich Frauen und Kinder, aus den Gebieten der Rebellenbewegung Renamo. Sie hatten alles verloren und mußten einen neuen Anfang machen. Dabei brauchten sie Unterstützung. Seit mehr als 10 Jahren hat Nothilfe Hochkonjunktur in Mosambik. Zur Nothilfe gehört auch Kleidung, und das sind oft Altkleider aus Europa und Nordamerika. Warum soll das nicht sinnvoll sein?

Nothilfe ist ein schwieriges Geschäft. Es geht darum, in einer akuten Notsituation, also relativ kurzfristig und ohne langfristige Planung eine nur schätzungsweise bekannte Gruppe von Menschen, deren Zahl und Zusammensetzung nach Geschlecht und Alter auch nur annähernd geschätzt werden kann, zu einem bestimmten Termin an einem bestimmten Ort mit lebensnotwendigen Gütern zu versorgen: Zu früh ist nutzlos, zu spät und lange eher schädlich. Es gibt Erfahrungswerte, und manchmal sind sogar Katastrophen schon »geplant«.

Die Altkleider sind oft für diese Zwecke nicht sehr geeignet. Das ist eigentlich sehr einleuchtend, denn meist fehlt es in den Hilfssendungen an Kinderkleidung (in Europa gibt es einfach zu wenig Kinder). Kleidung ist außerdem sehr kulturabhängig. Was frau in einer europäischen Großstadt trägt, kleidet nicht unbedingt eine afrikanische Bäuerin. Das Klima ist auch noch sehr verschieden. Deshalb verwenden die meisten Organisationen, die Altkleider sammeln, diese auch nicht direkt zur Verteilung in Nothilfesituationen. Die Kleidungsstücke werden verkauft und der Erlös zur Finanzierung der Organisation verwendet. Das kann eigentlich sehr sinnvoll sein. Aber die Sache hat leider ein paar Haken.

Die meisten Leute in Maputo, der Hauptstadt Mosambiks ganz im Süden des Landes, kaufen auf dem Markt alles, was sie brauchen. Es gibt die offiziellen Märkte, vor allem für Lebensmittel, und es gibt die »dumba nengue« (»Trau deinen Beinen«), die informellen Märkte, die ihren Namen wegen der häufigen Polizeirazzien tragen. Vor allem hier werden Altkleider angeboten. Das hat den Vorteil, daß man sich für wenige Mark eine Hose oder Jacke kaufen kann. Eigentlich sind alle Preise auf den Geldbeutel der Mosambikaner zugeschnitten, denn bei ca. 50 DM Monatseinkommen ist der Kauf eines neuen Kleidungsstücks oder eines neuen paar Schuhe illusorisch. Also auch hier stellt sich die Frage, warum das nicht sinnvoll sein soll?

Die Antwort kommt, wenn man über wirtschaftliche Kreisläufe nachdenkt. Mit den Altkleidern auf dem »dumba nengue« kann kein Schneider konkurrieren, auch nicht bei Niedrigstlöhnen! Es lassen sich dafür noch nicht einmal die Materialien einkaufen. Das führt dazu, daß mit der Schneiderei nicht so einfach Geld zu verdienen ist. Es gibt jede Menge Frauengruppen, bei den Kirchen und auch bei der mosambikanischen Frauenorganisation OMM, die sich mit Nähen das individuelle Einkommen verbessern oder Gruppenaktivitäten finanzieren wollen. Aber das klappt kaum. Man muß schon irgendwelche Nischen entdecken und für Leute produzieren, die über genügend Einkommen verfügen. Das sind nur wenige, und die wollen modische Kleidung erstklassiger Qualität, die nicht-professionelle Frauengruppen nicht liefern können. Auf diese Weise entsteht natürlich auch nur mühsam Kaufkraft im Lande, und für die Entwicklung Mosambiks sind die Altkleider eher hinderlich. Geschenke auf Dauer haben noch nirgendwo zu Eigenaktivitäten angeregt. Und die bei uns nicht mehr brauchbaren Dingen sind leider auch anderswo nur unter besonderen Umständen verwendbar. Bei persönlichen Bekanntschaften ist es einfach. Da handelt es sich auch nicht um große Mengen. Die großen Altkleidersammlungen professionell arbeitender Firmen sollten allerdings besser nicht nach Mosambik gelangen. Die schaden mehr als sie nützen. Da ist Geld allemal einfacher einsetzbar, wenn man denn schon Nothilfe leisten will. Ein Beispiel dafür lieferte der Mosambikanische Christenrat (CCM) in seinem Nothilfeprogramm.

Eine der Zielsetzungen der CCM in seinem Nothilfeprogramm war der Übergang von Nothilfe zu Entwicklungsaktivitäten. Um den Bedarf an Textilien in den Flüchtlingslagern zu decken, wurde ein ebenso einfaches wie wirksames Projekt entwickelt. In Quelimane, der Provinzhauptstadt von Zambézia in Zentral-Mosambik, gab es einen kleinen Textilbetrieb, der aufgrund der Kriegssituation immer am Rande des Konkurses manövrierte. Diesem Betrieb gab CCM immer wieder entsprechend dem Bedarf in den Flüchtlingslagern Aufträge zur Produktion von Familienkleiderpaketen, mit einem Satz dem Klima und den Gewohnheiten angepaßte Kleidung für kleinere oder größere Familien. Auf diese Weise wurden die Flüchtlinge bedarfsgerecht versorgt. In Quelimane wurden Arbeitsplätze gesichert und mit der besseren Kapazitätsauslastung gab es für den Betrieb sogar noch einige Mittel zur Investition in neue Maschinen. Wenn dem CCM diese Mittel hätten zur Verfügung gestellt werden können, weil in Europa Altkleider in Second-Hand-Läden verkauft worden wären: das wäre dann doch eine gute Sache gewesen!

Eckehard Fricke

(Eckehard Fricke ist inzwischen Geschäftsführer von Eirene.)

3.9 Weit verbreiteter Handel und Widerstand in der Zweidrittelwelt

Die angeführten Auswirkungen der Altkleiderexporte auf die Textil- und Bekleidungsindustrien der Beispielländer sind keineswegs Ausnahmeerscheinungen. Altkleider beherrschen mittlerweile in vielen afrikanischen Staaten den Markt und sind nahezu überall zu finden. Eine im Auftrag des dänischen Außenministeriums erstellte Studie kam im Oktober 1993 zu folgendem Ergebnis: »Es wird geschätzt, daß ein Drittel der Bevölkerung südlich der Sahara heute Second-Hand-Kleider aus den USA und Europa benutzt. Allerdings verbergen sich hinter dieser Zahl große regionale Unterschiede.« *(Denconsult 1993, 7.)*

Beeindruckend ist in diesem Zusammenhang, daß die Altkleider in einigen Ländern auch in den entlegensten Gebieten zu erwerben sind. Sie sind selbst in Gegenden vorgedrungen, in denen es keine funktionierende Gesundheitsversorgung oder eine sonstige staatlich initiierte Infrastruktur gibt. Der Journalist Wolfram Frommlet etwa hat sogar in entlegenen Orten an der Grenze von Ghana zu Burkina Faso zu seiner großen Überraschung Altkleidermärkte gefunden *(Gespräch vom 21.10.1993)*.

Daher überrascht es nicht, daß sich viele Länder gegen die Altkleider wehren oder zu wehren versuchten. Viele Empfängerländer – als Beispiele seien hier Kamerun, Elfenbeinküste, Nigeria, Äthiopien, Kenia, Tansania, Simbabwe, Südafrika, Indien, Syrien, Chile und Ekuador genannt – haben mit Importverboten oder Einfuhrbeschränkungen, die teilweise heute noch gelten, auf die Altkleiderimporte reagiert. Diese Importverbote werden jedoch oft umgangen. Die möglichen hohen Gewinnspannen lassen die Händler Mittel und Wege finden, vorhandene Importverbote zu umgehen oder auf Regierungsstellen einzuwirken, diese aufzuheben.

Benin: Durchgangsland im Altkleiderhandel

Benin, mit fünf Millionen Einwohnern ein kleines Nachbarland Nigerias (circa 100 Millionen Einwohner) an der Westküste Afrikas, importiert eine auf den ersten Blick erstaunlich große Menge Altkleider: Nach Angaben des Ministeriums für Handel und Tourismus wurden 1992 und 1993 jeweils mehr als 23.000 Tonnen Altkleider eingeführt. Dies bedeutet, daß fast 5 Kilogramm Altkleider – oder umgerechnet 20 Kleidungsstücke – pro Kopf der Bevölkerung importiert wurden.

Altkleidereinfuhren nach Benin

Zeitraum	Menge (Kilogramm)	Wert (FCFA)	Gebühren (FCFA)
1992	23.593.326	4.515.586.309	1.703.677.556
1993	23.418.417	5.998.302.114	1.691.067.686
1994 (1. Hj.)	10.229.598	3.215.698.527	825.251.739

Quelle: Ministère du Commerce et du Tourisme, Brief vom 14.2.1995

Nach Einschätzung des Wirtschaftsministeriums wird »der größte Teil der Altkleider re-exportiert (...) Der Altkleiderhandel wird von beninischen Rechtsgesellschaften kontrolliert, von denen eine einem Franzosen gehört und die anderen Nigerianern«.

Diese Nationalität der Händler legt auch nahe, wohin ein großer Teil der Ware letztendlich geht: Die lange und daher kaum zu kontrollierende Grenze zum Nachbarn Nigeria, der den Import der Altkleider zum Schutze der eigenen Textil- und Bekleidungsindustrie nur in Ausnahmefällen (oder bei guten Beziehungen zu Behördenvertretern) erlaubt, ermöglicht den lukrativen Weiterexport der Ware.

Eine Reihe von afrikanischen Gewerkschaften hat zudem beim 6. Internationalen Kongress der Internationalen Textil-, Bekleidungs- und Lederarbeiter-Vereinigung (ITBLAV) die Gewerkschaften der Industrieländer aufgefordert, die Altkleiderproblematik in ihren Heimatländern mit den Behörden zu diskutieren.

Die ITBLAV begann 1993 eine Kampagne, um auf die Wirkungen der Altkleiderexporte hinzuweisen, die allerdings nach Meinung der afrikanischen GewerkschaftlerInnen außer in Skandinavien kaum Wirkung gezeigt hat. Die Forderungen wurden auch in der deutschsprachigen Gewerkschaftspresse publiziert *(David 1994)*.

Auszug aus einer Vorlage zur Entscheidung bei einer Tagung der Internationalen Textil-, Bekleidungs- und Lederarbeiter-Vereinigung (ITBLAV):

INTERNATIONALE TEXTIL-, BEKLEIDUNGS- UND LEDERARBEITER-VEREINIGUNG
Vorstandssitzung: Kapstadt, den 10.–13. November 1993

HANDELSENTWICKLUNG: HANDEL MIT GEBRAUCHTER KLEIDUNG

»Die ITBLAV hat während des 6. Weltkongresses eine Entschließung über den Handel mit gebrauchter Kleidung verabschiedet, die die Internationale auffordert, die Mitgliedsorganisationen mit Informationen zu versehen, um ihnen zu ermöglichen, eine Ausbildungskampagne über die wahre Art des internationalen Handels mit gebrauchter Kleidung« zu beginnen. Diese solle sich an »Verbraucher und Regierungen in Ländern, die gebrauchte Kleidung exportieren« richten, »um diesen Regierungen mit allen möglichen Mitteln (...) die durch gebrauchte Kleidung verursachten Probleme bewußt zu machen, um Bewußtseinskampagnen für das Publikum durchzuführen und um bei den relevanten internationalen Organisationen Beschwerde einzureichen.

(...)

Gebrauchte Kleider werden in den Industrieländern für wohltätige Zwekke geschenkt und tonnenweise an Handelsgesellschaften in Europa und den USA für vielleicht 5 bis 10 Cents pro Kilo verkauft und dann mit Gewinnspannen in Höhe von 600 – 3.000% in Entwicklungsländern verkauft.

(...)

Im Mai hatte die dänische Gewerkschaft Dansk Beklaednings– og Textilarbejderforbund eine Sitzung mit der Heilsarmee in Dänemark, um die mit dem Handel mit gebrauchten Kleidern in Verbindung stehenden Probleme zu besprechen. Die dänische Heilsarmee – über den Norwegischen Regierungsdienst für den Export – ist mit dem Verkauf von gebrauchten Kleidern hauptsächlich in Lateinamerika und Asien tätig. Die Sitzung führte dazu, daß die Heilsarmee sich damit einverstanden erklärte, sich mit den Textil- und Bekleidungsgewerkschaften im betreffenden Land in Verbindung zu setzen, bevor sie gebrauchte Kleidung nach diesem Land exportiert um sicherzustellen, daß ihre Produkte die nationalen Interessen der betreffenden Länder nicht beeinträchtigen.

(...)«

3.10 Exkurs: Altkleider sind nicht das einzige Beispiel zerstörerischer Exporte!

Die Diskussionen um Sinn und Unsinn von Exporten aus den Industrieländern werden nicht nur bei Altkleidern kontrovers geführt. Diese sind lediglich ein Beispiel dafür, wie bedenkenlos deutsche Exporteure sowie ihre Kollegen aus anderen Industrieländern Güter in die Länder der Zweidrittelwelt liefern.

Bei einigen Produkten liegt auf der Hand, daß Profitinteressen skrupelloser Exporteure über das Wohl der EmpfängerInnen der Waren gestellt werden: Bei Rüstungsexporten, der Lieferung offensichtlich unwirksamer oder bereits über das Haltbarkeitsdatum hinaus gelagerter Medikamente, der Lieferung von in den Industrienationen verbotenen Pestiziden sowie dem Export von Müll und Giftmüll.

Bei der Lieferung subventionierten Rindfleisches und Getreides sowie bei als Hilfslieferungen verschenkten Nahrungsmitteln wird es dagegen – ähnlich wie beim Altkleiderhandel – schwieriger, Schaden und Nutzen sowie Profitierende und Geschädigte zu unterscheiden. Die Lieferung von in der Europäischen Union (EU) erzeugtem Getreide an afrikanische Staaten wurde 1994 näher untersucht *(Walter 1994)*. Die Parallelen zum Altkleidermarkt drängen sich auf: Auch bei den Lieferungen von verbilligten oder geschenkten Nahrungsmitteln steht der Deckung der Nachfrage der Bevölkerung die Zerschlagung gewachsener Strukturen und die Schaffung der Abhängigkeit von weiteren Lieferungen gegenüber. Wie soll abgewogen werden zwischen den Bedürfnissen vor allem der armen Schichten der

Bevölkerung und der Perspektive, bei heutiger Knappheit am elementaren Gut Nahrungsmittel (oder Bekleidung) den Anreiz zu schaffen, einheimische Potentiale auszubauen? Wann wird geholfen und wann die bestehende Produktion zerschlagen – und damit ein zukünftiger Absatzmarkt geschaffen? Die Übergänge sind fließend und die Folgen für die Betroffenen verheerend.

»Ein gewichtiges Argument für die Beibehaltung der bisherigen Subventionspolitik ist, daß die Nettonahrungsmittelimportländer zur Versorgung der wachsenden Bevölkerung auf billige Importe angewiesen sind und steigende Weltmarktpreise durch den Wegfall der Subventionen diese Länder in noch stärkere Zahlungsschwierigkeiten bringt. Auf der anderen Seite wird aber immer wieder betont, daß die Produktionspotentiale in den Entwicklungsländern nicht ausgeschöpft sind. Eine FAO-Studie stellte fest, daß von den 36 untersuchten LIFDCs[15] Afrikas 24 Länder mehr als das Doppelte des Nahrungsmittelbedarfs ihrer Bevölkerung nachhaltig decken könnten, wenn sie in der Lage wären, das latente Ertragspotential in ihren Länder zu mobilisieren. Es sind aber auch technische, institutionelle und infrastrukturelle Hemmnisse in den Entwicklungsländern zu überwinden und ausreichende Preisanreize für eine Produktionssteigerung zu schaffen. Subventioniertes und billiges Importgetreide aus der EU hemmt diesen Mobilisierungsprozeß in den Entwicklungsländern.« *(Walter 1994, 48.)*

Die Lieferung subventionierten Rindfleisches in westafrikanische Staaten hat nicht nur die Entfaltung vorhandener Potentiale verhindert, sondern sogar bestehende Strukturen zerstört. Die EU zahlte allein 1991 Exportsubventionen in Höhe von 200 Millionen Mark, »um in Westafrika Fleisch für etwas mehr als fünfzig Millionen Mark abzusetzen. Dabei handelte es sich vorwiegend um sehr fette Stücke, die in Europa praktisch unverkäuflich waren.« Viehzüchter aus Burkina Faso, Mali, dem Niger und weiteren Nachbarstaaten sahen sich ihrer Existenzgrundlage beraubt: Ihre Rinder waren plötzlich fast nichts mehr wert. »Für zwei bis drei Millionen Peulh und Tuarg bilden die Rinderherden die Lebensgrundlage. In dem

---

[15] FAO: Food Agricultural Organisation: Ernährungs- und Landwirtschaftsorganisation, eine Sonderorganisation der Vereinten Nationen / LIFDC: Low-Income Food-Deficit Countries: Länder mit einem sehr geringen Einkommen, die den eigenen Nahrungsmittelbedarf nicht decken können (Anmerkung des Verfassers).

Fleisch der Rinder steckt oft die einzige Reserve, die in Notzeiten mobilisiert werden kann. Die Rinder fungieren damit auch als Banken und Lebensversicherungen. Und in den meisten Gebieten der Sahelzone kann man überhaupt nur Viehzucht treiben.« *(Zank 1993.)*

Bei den Exporten von Altkleidern, Rindfleisch, Getreide und weiteren umstrittenen Produkten ist zusätzlich noch zu beachten, daß eine Reihe von afrikanischen Staaten gleich von zweien oder gar allen drei Problemen betroffen sind.

Simbabwe beipielsweise leidet sowohl unter den Altkleiderimporten als auch unter den Getreidelieferungen. Während die Altkleider im Lande selbst ebenso eine direkte Konkurrenz zu den einheimischen Produzenten bilden wie auf dem (früheren) afrikanischen Exportmärkten, wurden beim Mais die Exporte des Landes durch subventionierte Lieferungen der Industriestaaten stark beeinträchtigt. Dabei ist Simbabwe »eines der Länder mit den geringsten Produktionskosten für Mais. Die Produktionskosten in den USA und in der EU lagen Anfang der neunziger Jahre mehr als doppelt so hoch wie die Simbabwes *(Walter 1994, 39 und 40).*

Mali produziert hochwertige Textilien und war eines der Hauptopfer der Rindfleischsubvention. Diese Liste ließe sich fortsetzen. Festzuhalten bleibt, daß die Altkleider nur ein Beispiel unter mehreren dafür sind, wie europäische und deutsche Exporte die einheimische Wirtschaft ruinieren können – und daß diese Exporte dann zur Zunahme der Füchtlingszahlen und den Forderungen nach weiteren Entwicklungshilfezahlungen beitragen.

4. Neue Entwicklungen auf dem Altkleidermarkt

4.1 Umstellung der Kleiderproduktion

Die Diskussion um die ökologischen Aspekte im Bereich Textilien und Bekleidung wurde durch die in der Legislaturperiode 1990–1994 tagende Enquete-Kommission »Schutz des Menschen und der Umwelt« des Deutschen Bundestages vorangetrieben. Die Enquete-Kommission hat sich eingehend mit der textilen Kette beschäftigt. Dieser Bereich wurde als einziger kontinuierlich bearbeitet und der Stoffkreislauf in der Produktion von Textilien vom Anfang bis zum Ende beleuchtet. Dutzende ExpertInnen wurden in der Kommission zu den verschiedenen ökologischen Aspekten der textilen Kette gehört und deren Aufsätze der Öffentlichkeit zugänglich gemacht *(Enquete-Kommission 1993; Enquete-Kommission 1994)*. Weitere Studien sollen klären, wie groß das Abfallaufkommen im Textilbereich ist und wie die Chancen für das Recycling aussehen.

Eine Vielzahl von Forderungen wurde aufgestellt, wobei die für den Bereich Altkleider und Recycling wichtigsten das Verlangen einer Ausweitung der Kennzeichnungspflicht für die Inhaltsstoffe der Textilien, schärfere Kriterien für Öko-Standards und die »Entwicklung nachhaltig zukunftsträchtiger Entsorgungskonzepte für Textilien und relevante Rückstände aus der Herstellung und dem Gebrauch von Textilien« sind *(Enquete-Kommission 1994, 205)*.

Bundesumweltministerin Angela Merkel sagte am 7.3.1995 in einer Rede, nach der Ausformulierung der neuen Bestimmungen zur Entsorgung von Altautos und Elektronik stehe eine Neuregelung der Entsorgung von Baustellenabfällen und Textilien an *(Eichele/DTB 1995)*. Genaueres scheint noch nicht festzustehen.

Das Umweltbundesamt geht davon aus, daß in der jetzigen Legislaturperiode keine neuen Gesetze beschlossen werden, die die Einbeziehung von Textilien aller Art in ein Rücknahmesystem regeln. Eine Datenstudie werde in Kürze in Auftrag gegeben, um die Basis für weitere Aktivitäten zu erheben. Ein System analog zum »Grünen Punkt« sei bisher nicht abzusehen *(Fischer 1995)*.

Diese unklare Entwicklung der Gesetzeslage hat dazu geführt, daß Bekleidungshersteller und -händler eigene Anstrengungen unternehmen, um gesetzlichen Regelungen zuvorzukommen. Die Motive sind unterschiedlich und reichen von der Angst vor unübersehbaren Entsorgungskosten, die in nicht allzuferner Zukunft auf die Unternehmen zukommen könnten, über Marketing-Aspekte – mit ökologischen Argumenten läßt sich vortrefflich werben – bis hin zum Engagement für die Umwelt um der Umwelt willen.

Eine große Zahl von Firmen arbeitet an Konzepten, die eine umweltfreundlichere Produktion und Entsorgung von Kleidung ermöglichen sollen. Zu hoffen ist, daß ein Zusammenkommen von kommerziellen Interessen der Hersteller und dem Engagement der Verbraucherinitiativen die Diskussionen um ökologisch – der sozialpolitische Aspekt dringt erst langsam in die Debatte ein und müßte viel stärker einbezogen werden – 'saubere' Kleidung voranbringt.

Die Bekleidungsbranche liegt damit im allgemeinen Trend. Tendenziell geht die Entwicklung der Produktion von Gütern aufgrund drastisch steigender Entsorgungskosten hin zur Vermeidung von Abfällen oder zur Produktion von Gütern, die für ein Recycling geeignet sind. Der Volkswirt und Wirtschaftsjournalist Christian Deutsch schrieb dazu in seinem Buch mit dem programmatischen Titel »Abschied vom Wegwerfprinzip – Die Wende zur Langlebigkeit in der industriellen Produktion«: »Es bleibt festzuhalten: Die Rahmendaten ändern sich für die Industrie in massiver Weise. Erstens werden die Hersteller in absehbarer Zeit die Verantwortung für ihre Produkte 'von der Wiege bis zur Bahre' übernehmen müssen. Und zweitens werden sie in die Zange genommen von steigenden Entsorgungspreisen auf der einen, steigenden Energie- und Rohstoffpreisen auf der anderen Seite.« *(Deutsch 1994, 31.)*

Eine Reihe von Bekleidungsherstellern und -händlern hat viele Millionen DM in den Aufbau von ökologisch einwandfreien Produktionsketten investiert. Diese Unternehmen wie auch allen anderen Herstellern muß von den VerbraucherInnen klargemacht werden, daß eine ökologische Produktion von Kleidung die Frage beinhaltet, ob ein Recycling der abgelegten Kleidung möglich ist. Dabei spielt es keine Rolle, ob die Kleidungsstücke aus Naturfasern oder aus chemischen Fasern hergestellt wurden.

Gerade die Firmen, die große Summen in die Ökologisierung ihrer Produkte investiert haben, müssen sich zudem fragen, ob sie mit dem Export der Altkleidung einverstanden sein können. Denkbar ist etwa folgendes Szenario:

Eine Firma preist in einer aufwendigen Werbekampagne das eigene ökologische Bewußtsein an. Wenige Tage später verfolgen Millionen Zuschauer einen Fernsehbericht über die illegale Verschiebung von Altkleidern – und in diesem Bericht wird publikumswirksam ein Pullover ins Bild gehalten, auf dem für alle erkennbar das Emblem der werbenden Firma prangt. Wie glaubwürdig werden die angepriesenen Öko-Konzepte noch sein, wenn die Firma zugibt, sie wisse nicht, was nach Gebrauch mit ihren Produkten geschieht?

Auch müßten die Bekleidungshersteller und -händler ein eigenes Interesse am Aufbau einer umweltgerechten und entwicklungspolitisch korrekten Entsorgung haben: Unternehmen sie nichts aus eigenem Antrieb, wird die Regierung über kurz oder lang neue Gesetze erlassen. Und ordnungspolitische Maßnahmen sind oft mit wesentlich größeren Mängeln behaftet und daher auch mit wesentlich höheren Kosten verbunden als eine privatwirtschaftliche Lösung.

Zudem können eigene Konzepte – »unsere Kleidung wird zum Teil aus Recyclingprodukten hergestellt, zurückgenommen und erneut vollständig recycelt« – als Werbeargument dienen. Um Recyclingkonzepte voranzutreiben müssen die Firmen eng mit den Recyclern kooperieren und gemeinsam Lösungen erarbeiten. Das Desinteresse, dem sich viele Recyclingexperten bisher gegenübersehen, muß ein Ende haben!

4.2 Entwicklungen im Bereich Recycling

In der italienischen Stadt Prato wurden über Jahrhunderte hinweg große Recyclingkapazitäten aufgebaut. Nach Angaben des dortigen Industrieverbandes werden dort jährlich mehr als 50.000 Tonnen Produktionsabfälle und Altkleider allein aus Deutschland verarbeitet *(Unione Industriale Pratese 1994)*.

Bei vielen deutschen Verwertern der Altkleider dagegen stoßen Studien über neue Recyclingtechniken zur Zeit noch auf Abwehr. Es ist gerade seit der Öffnung der Märkte in Osteuropa wesentlich lukrativer zu exportieren, statt über konrollierbare Wege des Recyclings die Altkleider zu exportieren. Andere Wege gehen bisher nur relativ wenige Altkleiderhändler und -sortierer. Sie suchen neue Wege und hoffen hier zu einem späteren Zeitpunkt auf einen Marktvorteil.

Es fand eine Reihe von Tagungen statt, die sich auch mit den Fragen des Recyclings beschäftigen. Zur angesprochenen Klientel dieser Veranstaltungen gehörten so verschiedene Gruppen wie die an der Produktion und dem Vertrieb von Neubekleidung beteiligten Firmen, TextillehrerInnen, Institute und die Chemieindustrie. Neben den Aufsätzen in der Fachpresse erschienen teilweise umfangreiche Tagungsberichte. Zudem wurde an den Hochschulen eine Reihe von Studienabschlußarbeiten über das Recycling von Textilien verfaßt.[16]

Von Interesse sind insbesondere die Überlegungen zu Recyclingverfahren, die zur Wiedergewinnung von Fasern führen. Dies ist ökologisch gesehen wesentlich sinnvoller als das sogenannte downcycling der Altkleider zu Dämmstoffen, Putzlappen, Pappe etc. Zudem dürfte es nur dann möglich sein, kostendeckende Recyclinganlagen zu betreiben, wenn es im Ergebnis zu relativ hochwertigen Fasern führt.

Folgende Recyclingverfahren, die auf eine Wiedergewinnung der Fasern abzielen, werden zur Zeit praktiziert und optimiert:

■ Zerreißen (Karbonisieren, Naßreißen, Trockenreißen)

Die Altkleider werden bei diesem Verfahren in immer kleinere Bestandteile zerrissen, bis nur noch Fasern übrigbleiben. Diese können je nach Länge wiederversponnen oder als Polstermaterial und Vliesstoffgrundlage verwendet werden. Im Trockenreißprozeß werden die Altkleider in speziellen Maschinen zerrissen, was die Fasern stark beansprucht. Beim Karbonisieren werden die Altkleider in einem alkalischen Wasserbad durch rotierende Rollen zerrissen. »Kurzfasern, die an der Oberfläche schwimmen, werden abgeschöpft, schwere Accessoires, wie z. B. Knöpfe oder Reißverschlußteile, sinken auf den Boden und werden periodisch abgeschöpft« *(Sattler 1994, 41).*

Problematisch ist bei diesem Verfahren, daß die Fäden teilweise durch den Reißprozeß stark verkürzt werden. Maschenware wie beispielsweise gestrickte Wollpullover sind ohne zu große Verluste an Faserlänge zu zerreißen. Jeanshosen und ähnliche fest verwobene Gewebe dagegen lassen nur ein Reißen zu sehr kurzen Fasern zu. Es müssen daher Möglichkeiten geschaffen werden, das Zerreißen so zu verändern, daß die Faserlänge nicht zu sehr verkürzt wird, und

---

[16] Technische Universität Dresden 1994; Arbeitskreis Naturtextil 1993; Forschungsinstitut Hohenstein 1992; demnächst erscheinen zudem Berichte von Tagungen in Freiburg (Treffen der TextillehrerInnen) und Mülheim/Ruhr (Chemiepolitischer Dialog NRW 1995). Im universitären Bereich wurden unter anderem erstellt: Dieckheuer/Hasselmann 1994; Hasselmann 1994; May 1994; Sattler 1994; Dahlke 1995.

gleichzeitig Spinnmaschinen entwickelt werden, die kürzere Fäden als die zur Zeit arbeitenden Anlagen verarbeiten können. In diesem Bereich sind noch Weiterentwicklungen möglich. Die RWTH-Aachen beispielsweise koordiniert zur Zeit im Rahmen eines EU-Forschungsauftrages ein Projekt, in dem sächsische Forscher neue Reißmaschinen entwerfen, die dann von einer Maschinenbaufirma aufgestellt werden. Zudem entwarf man an der Universität Aachen Maschinen, die kürzere Fasern als bisher möglich verspinnen. Auch diese Maschinen sollen von der Privatindustrie in Serie gebaut werden *(Maetsche 1995)*.

■ Regranulierung (Aufschmelzen von Chemiefasern)

Chemiefasern lassen sich durch Erhitzung aufschmelzen. Wurden sie sortenrein verarbeitet, ist es beispielsweise bei Polyesterfasern möglich, aus den erhitzten Polyesterfasern sofort wieder neue Fasern oder ähnlich hochwertige Produkte zu gewinnen. »Die Regranulate werden nach gängigen Methoden der Kunststoffindustrie weiterverarbeitet. Dabei resultieren Fertigprodukte, die in ihren Eigenschaften jenen aus originärem Granulat kaum nachstehen.« *(Eisele 1993, 9.)*

■ Chemisches Recycling (Auflösen durch chemische Zusätze)

So vielfältig wie die Zusammensetzung der einzelnen Kunstfasern sind auch die Wege, diese chemisch zu recyceln. »Taucht man z. B. Polyamid, besser bekannt unter der Markenbezeichnung Nylon oder Perlon in Ameisensäure, dann löst sich die Kunstfaser schnell auf. Beim Erhitzen der Lösung verdampft die Säure und die verbleibende Lösung wird dickflüssig. Zurück bleibt der neugewonnene Kunststoff Polyamid, der dann zu Fasern weiterverarbeitet werden kann. Nachteil dieses Verfahrens ist, daß dieses sehr chemikalienintensiv ist.« Polyamid 6 dagegen »ist völlig recyclingfähig« und läßt sich »mit relativ geringem Kostenaufwand« recyceln. Polyester kann mit dem neuen Methanolyse-Verfahren ebenfalls ohne Wertverlust recycelt werden *(Sattler 1994, 47)*. Die bei einigen chemischen Recyclingverfahren zugesetzten Chemikalien sind jedoch teilweise nicht unproblematisch, weil ihre Entsorgung schwierig ist.

Weitere Möglichkeiten der Wiedergewinnung von Fasern aus Mischgeweben werden zur Zeit erprobt. Beim »Thüringischen Institut für Textil- und Kunststoff-Forschung« (TITK) etwa wurde getestet, ob sich die Naturfasern von den chemischen Bestandteilen trennen lassen, indem man die Altkleider eine Weile eingräbt und sie mit Schimmelpilzen oder mit Enzymen behandelt. Dabei sollten die Naturfasern zerfallen und reine Kunstfasern übrigbleiben *(Mieck/Langner/Lützkendorf 1994)*.

Firmen, die Textilartikel herstellen, arbeiten ebenfalls an neuen Recyclingmethoden. Selbst aus Teppichabfällen und Altteppichen lassen sich neue Produkte herstellen. Bemerkenswert ist das Engagement der Kunstfaserhersteller, die anscheinend auf einen in Zukunft expandierenden Markt hoffen. Vor allem beim Recycling von Polyesterfasern plant eine Reihe von Unternehmen den Aufbau von Recyclingkapazitäten oder hat diesen Aufbau schon vollzogen. Neben Hoechst sind auch Bayer, Du Pont, Wellmann, Rhone-Poulnec Fibre, Snia Fibre und Nordfaser aktiv *(TW 47/93, 86–99)*. Die Mengen, um die es dabei geht, begründen das hohe Interesse: Von den 1990 in Westeuropa verbrauchten 1 Million Tonnen PET wurden lediglich 40 000 Tonnen recycelt. Dabei geht Dr. H. Meierkord von der Du Pont Deutschland GmbH geht davon aus, daß die Technologien zum direkten Wiedereinsatz von PET vorhanden seien *(Meierkord 1993, 526)*.

Es wurden auch Verfahren für das downcycling von Mischtextilien entwikkelt. Zu nennen ist hier vor allem das »Zerkleinerungs-Schütt-Preß-Verfahren« (ZSP). Das ZSP ist ein mehrstufiges Verfahren, bei dem die Altkleider erst vorzerkleinert und dann in verschiedenen Arbeitsgängen weiter zerlegt, chemisch behandelt, gepreßt etc. werden. Mit diesem Verfahren können auch Altkleider aus Mischgeweben verarbeitet werden. Ergebnis dieses downcycling-Prozesses sind allerdings meist minderwertige Verbundstoffe, die etwa als Dämmplatten in Waschmachinen, Autos etc. sowie als Regalplatten, Bodenplatten, Tischplatten usw. Verwendung finden können *(Eisele 1993a, 13–15)*.

4.3 Rahmenbedingungen für den Ausbau des Recycling

Alleine im deutschen Automobilbau werden jährlich circa 40.000 Tonnen Isoliermaterial aus Textilien – allerdings teilweise aus Produktionsabfällen – verwendet *(Dieckheuer/Hasselmann 1994, 734)*. Das Recycling von textilen Abfällen ist ein stark ausbaufähiger Markt. Dieter Eisele von der Firma Borgers in Bocholt schätzt, daß allein beim Einsatz von Vliesstoff-Recyclaten aus Baumwolle und Phenoplast weltweit circa 1 Milliarde DM umgesetzt wird.

»Einsatz finden diese Recyclate vorzugsweise im Automobilbau, aber auch in Wasch- und Spülmaschinen, Staubsaugern, Lautsprecherboxen, Möbeln, Matratzen, als Teppichunterlage u.a. *(Eisele 1992b, 1)*. »Rechnet man mit einem 10%igen Rückfluß an Textilien, Neu- (Konfektionsabschnitte) und Altware (Bekleidung), zur Verwertung als Sekundärstoff nach Reißprozessen, so beläuft sich die Gesamtmenge in Deutschland auf ca. 2.000.000 t. Sie repräsentiert einen Handelswert von 360 Mio. DM. Nach Reißprozessen ist der Wert 1,2 Mrd. DM. Der Fertigproduktumsatz beläuft sich auf ca. 3,6 Mrd. DM.« *(Eisele 1993, 20)*.

Das Interesse der deutschen Textilrecycler an Altkleidern steigt durch die rückläufigen Produktionsmengen der Hersteller und dem damit sinkenden Anfall an Produktionsabfällen. Zusätzlich hat das steigende Umweltbewußtsein bei den Produzenten zu einer Umsetzung von Maßnahmen geführt, die den Anfall von Abfällen weiter verringern. Diese Produktionsreste wurden bislang wenn möglich den Altkleidern vorgezogen, da bei diesen die Zusammensetzung der Gewebe bekannt war. Mangels Masse werden die Recycler jedoch in Zukunft zunehmend auf Altkleider zurückgreifen müssen *(Fuchs 1994b)*.

Ein Recycler aus Kaiserslautern berichtete beispielsweise Anfang 1995 auf einer Tagung, er recycle zunehmend statt Produktionsresten Altkleider. Inzwischen baue er eine neue Recyclinganlage speziell für Altkleider. Die Qualität der aus Altkleidern recycelten Fasern sei besser als die der Produktionsabfälle, da letztere oft sehr stark mit Pestiziden und Chemikalien aus der Veredelung belastet seien. Zur Zeit kaufe der Betrieb Ware aus den USA, da in Deutschland nicht genügend Altkleider zu bekommen seien. Es gebe ausreichende Absatzmärkte für die gewonnenen Produkte, und technische Innovationen würden die Konkurrenzfähigkeit der Recyclingfasern noch erhöhen *(Wolff/DTB 1995)*.

Neben technischen Entwicklungen, die ein Recycling verbilligen, sprechen einige Kostenentwicklungen für den Ausbau des Recyclings. Prognosen deuten darauf hin, daß die Kosten der Primärrohstoffe deutlich steigen, da der weltweite Verbrauch von textilen Fasern rapide ansteigt. Einige Berechnungen sprechen sogar von einer Verdoppelung des Bedarfs bis zum Jahre 2025, bedingt durch die steigende Weltbevölkerung und Konsumsteigerungen insbesondere in den Schwellenländern *(Dieckheuer/Hasselmann 1994, 730–732)*. Aufgrund der begrenzten zur Verfügung stehenden Flächen kann dieser Bedarfsanstieg vermutlich nicht durch eine Anhebung der Produktion von Naturfasern ausgeglichen werden, zumal der Ertrag der Baumwollernten in einigen der großen Anbaugebiete durch die Überbeanspruchung der Böden und zunehmende Resistenzen der Schädlinge gegen Pestizide rückläufig ist. Die Ausweitung der Produktion von Chemiefasern wird zumindest langfristig mit der Verknappung der fossilen Brennstoffvorräte ebenfalls zu Kostensteigerungen führen.

Beim Recycling sortenreiner Fasern liegt der Energie- und Wasserverbrauch deutlich unter den Werten für die Produktion von neuen Textilfasern (Beispiele im nächsten Kapitel). Auch dies wird – zumal bei steigenden Preisen für Wasser, Wasserentsorgung und Energie – eine weitere relative Verteuerung der Primärrohstoffe bewirken.

Außerdem werden die steigenden Entsorgungskosten das Interesse an der Produktion von recyclingfähigen Produkten und die Bereitschaft zum Recycling steigern. «In den nächsten 10 Jahren ist mit einem weiteren Ansteigen der Deponiekosten bis auf über 2.000 DM/t zu rechnen« *(Fuchs 1994a, 3).*

4.4 Wiederverwendung oder Recycling?

Erste Untersuchungen belegen, daß bei den Naturfasern ein Werkstoffrecycling in Teilbereichen schon heute möglich und ökologisch sinnvoll ist. In Großbritannien wurden Studien erstellt, die die Bilanz des Wollrecyclings untersuchten. Den Ergebnissen zufolge läßt sich bei der Verarbeitung recycelter Wolle der Energieeinsatz um 48,5 Prozent senken gegenüber der Verwendung neuer Wolle. Da die recycelte Wolle bereits eine Grundfarbe besitzt, konnten der Verbrauch von Färbemitteln und Wasser stark reduziert werden. Ein weiterer Nutzen für die Umwelt lag neben dem allgemein verminderten Abfallaufkommen darin, daß beim Verrotten von Wolle Methangas frei wird, einem der Verursacher des Treibhauseffektes. Die das Recycling betreibende Firma konnte ihren Rohstoff billiger einkaufen und erzielte Kosteneinsparungen bei der Verarbeitung der Wolle. Zudem wird die Verwendung der recycelten Materialien als Werbeargument benutzt *(Energy Efficiency Office 1994).*

Eine weitere Bilanz für recycelte Fasern erstellte das »Sächsische Textilforschungsinstitut« (STFI). Diese unterschied zwischen der Wiedergewinnung von Polyesterfasern durch die Reißerei und durch ein chemisches Recycling, also der Auflösung der Fasergewebe durch chemische Zusätze. Die Untersuchungen kamen zu dem Ergebnis, daß die nachgemessenen Umweltbelastungen bei den Recyclingprodukten wesentlich geringer sind als bei der Herstellung von neuen Fasern.

Aufwand für die Herstellung von 1 kg Polyesterfasern in der Chemiefaserfabrik und durch Recyclen von Textilfasern

	Chemiefaserfabrik	Reißerei (Kurzfasern entfernt)
Herstellungsenergie	47 Kw	12 Kw
Abluft	Gase, Dämpfe	Staub
Abwasser	3 l	–
fester Abfall	30 g	150 g

(...)

	Polyester-Primärfaser	Polyester-Recyclatfaser (chemisches Recycling)
Energieaufwand	100 %	65 %
Abluft	100 %	60 %
Abwasser	100 %	80 %
feste Abfälle	100 %	20 %

Quelle: Fuchs/Böttcher 1994c, 4.

Weitere und hoffentlich umfassendere Ökobilanzen müßten möglichst bald erstellt werden. Mit den vorliegenden Daten ist die Frage, ob ein Weitertragen von Altkleidern in Übersee ökologisch sinnvoller ist als ein Recycling, nicht schlüssig zu beantworten. Altkleider, die beispielsweise nach Afrika exportiert werden, landen dort nach Gebrauch auf ungesicherten Müllhalden. Dies kann insbesondere bei Kunstfasern sehr problematisch sein, während sich in Deutschland Möglichkeiten abzeichnen, zumindest einen Teil der Kunstfasern wieder zu Kunstfasern zu recyceln.

Ein in Deutschland aufgetragenes Baumwollgewebe kann zuerst als Putztuch wiederverwendet werden. Ist das Putztuch verschlissen, lassen weitere Nutzungen zum Beispiel als Vlies, der bei Möbeltransporten unterlegt wird und/oder als Dämmstoff in Autos oder im Baugewerbe anschließen. Wesentlich besser sind bereits heute die Recyclingmöglichkeiten für Altkleider, die aus Wollmaschen bestehen.

Die ökologische Abwägung zwischen Weiterverwendung und Wiederverwertung ist nur schwer vorzunehmen. Die Verbringung der Altkleider nach Afrika verbraucht beim Transport große Mengen von Energie. Dem steht gegenüber, daß weniger neue Kleider, deren Produktion ebenfalls die Umwelt schädigt, produziert werden müssen. Doch auch für die Herstellung neuer Putztücher und Dämmstoffe müssen Umweltbelastungen in Kauf genommen werden. Häuser werden beispielsweise zunehmend mit frisch geernteter Baumwolle gedämmt, die von weither nach Deutschland gebracht werden muß. Wolle hat bereits heute einen Anteil von 4 Prozent am Gesamtmarkt für Dämmaterialien im Hochbau *(TW 9/94, 161)*.

Ein gesondertes Problem stellen Kleidungsstücke aus ökologisch fragwürdigen, dabei oft hochwertigen und sehr teuren Fasern dar, die eigentlich nach Abnutzung sicher entsorgt werden müssen, da die Zerfallsstoffe zu einer schweren und gefährlichen Umweltbelastung führen können.

4.5 Sortenreinheit als Bedingung des Ausbaus des Recycling

Die Zusammensetzung der Textilien und die Trennbarkeit der einzelnen Teile des Kleidungsstückes entscheiden über die Frage, ob es überhaupt möglich ist, Altkleider zu recyceln. Bestehen die Altkleider nur aus einer einzelnen Fasersorte, wird das Recycling enorm erleichtert. Dies gilt sowohl für Natur- als auch für Chemiefasern. Ein Zwischenschritt ist dann möglich, wenn die Kleidungsstücke zwar aus mehreren Komponenten bestehen, diese jedoch jeweils sortenrein und leicht zu trennen sind. (Beispiel: Ein Rock aus reiner Wolle, aus dem das aus reiner Seide bestehende Futter ohne Probleme rausgerissen werden kann.)

Der Anteil der sortenreinen Textilien und Kleidungsstücke am Gesamtaufkommen einzelner Textilgruppen schwankt sehr stark. Die »Forschungsstelle für allgemeine und textile Marktwirtschaft an der Westfälischen Wilhelms-Universität Münster« (FATM) errechnete, daß von den 1992 in Deutschland hergestellten Textilgeweben 71 Prozent sortenrein gefertigt wurden.

Eine an der Universität Münster vorgenommene Analyse der wichtigsten dreißig Textilartikel aus deutscher Produktion führte zu dem Ergebnis, daß bereits heute ein hoher Anteil der anfallenden Altkleider recycelt werden könn-

Anteil sortenreiner Gewebe an der deutschen Textilproduktion 1992

	sortenreine Naturfaser-/	Chemiefasergewebe	Gesamt
Gardinen	–	88 %	88 %
Dekostoffe	29 %	52 %	80 %
Bettbezüge u.ä.	75 %	0,4 %	75 %
Röcke u.ä.	33 %	26 %	59 %
Kissen	14 %	34 %	48 %
Pullover	29 %	5 %	34 %
Gesamt	**38 %**	**33 %**	**71 %**

Quelle: Dieckheuer/Hasselmann 1994, 738

te: »Dementsprechend ergibt sich der Schluß, daß zur Zeit bei etwa 35 Prozent der in die Untersuchung einbezogenen Textilien aus deutscher Produktion ein Recycling mit relativ geringem Aufwand möglich wäre. Man kann diesen Teil der textilen Endprodukte als das kurzfristige Recycling-Potential bezeichnen. (...) Für die Endprodukte aus deutscher Produktion besteht bei etwa 27 Prozent keine Sortenreinheit (Fasermischungen in den Einzelkomponenten). In diesem Bereich ist ein Recycling zwar nicht grundsätzlich ausgeschlossen, aber es bedarf neuer technischer Verfahren, die derzeit noch einen relativ hohen finanziellen Aufwand machen.« Nur bei etwa 2,8 Prozent sei ein Recycling gänzlich ausgeschlossen. Der noch fehlende Prozentsatz setzt sich aus den Altkleidern zusammen, die mit einigem Aufwand zu recyceln wären *(Dieckheuer/Hasselmann 1994, 737–738).*

Hier liegen große Recyclingpotentiale brach, die höchstwahrscheinlich noch deutlich wachsen werden. Nahezu alle Konzepte der Textil- und Bekleidungshersteller zur Herstellung von Öko-Textilien laufen auf die Verwendung von sortenreinen Geweben hinaus, wobei je nach Hersteller sowohl Kunstfasern als auch Naturfasern propagiert werden. Sie erfüllen damit bereits heute zumindest einen Teil der Forderungen, die Dieckheuer/Hasselmann zur Leitlinie für alle Textil- und Bekleidungshersteller erheben wollen:

»1. Die Ideallösung ist die Verwendung von nur einer sortenreinen Materialkomponente.

2. Sind zwei oder mehr Materialkomponenten erforderlich, so sollten diese Komponenten jeweils sortenrein und leicht trennbar sein.

3. Bereits in der produktionsorientierten textilen Kette, insbesondere in der Textilveredelung sollten nur Hilfsstoffe eingesetzt werden, die ein Recycling der Endprodukte nicht nur möglich, sondern mit Blick auf den Kostenaspekt rentabel machen.

4. Durch Verfahrens- und Produktinnovationen in der Faserproduktion sollte erreicht werden, daß die Qualitätsverluste beim Recycling der Endprodukte möglichst gering gehalten werden.« *(Dieckheuer/Hasselmann 1994, 738)*

4.6 Konzentrationsprozeß auch auf dem Altkleidermarkt

Vorbild »Grüner Punkt«?

Der »Grüne Punkt«, kontrolliert durch die Firma »Duales System Deutschland« (DSD), ist zu einem lukrativen Geschäft geworden. Statistisch gesehen bezahlt 1995 durch einen Aufpreis auf die in Kunststoff verpackten Produkte jedeR BundesbürgerIn 52 DM für die Entsorgung des mit dem »Grünen Punkt« versehenen Mülls. Hochgerechnet sind das mehr als 4 Milliarden DM allein im Jahr 1995. Das eigentliche Recycling wird mit 300 bis 800 DM je Tonne subventioniert. Weitere Zahlungen in Höhe von 2.400 DM fließen je Tonne für das Sammeln und Sortieren. Einige Unternehmen bauen große Recyclinganlagen oder planen diese. Die anvisierten Investitionskosten umfassen für einige Anlagen mehrere hundert Millionen DM. Mittlerweile gibt es so viele Bauvorhaben für Recyclinganlagen, daß der »Rohstoff« knapp zu werden droht. Nach den momentanen Planungen werden bis 1997 Recyclingkapazitäten für 1 Million Tonnen Plastikverpackungen aufgebaut. Dem stehen Schätzungen zufolge 1995 – die Tonnage der gesammelten Menge ist fallend – 530 000 Tonnen Plastikverpackungen gegenüber *(Becker 1995; Keßler 1995)*.

KritikerInnen aus Politik und Industrie werfen den Betreibern des Systems »Grüner Punkt« vor, monopolistische Strukturen aufzubauen. Eine von Greenpeace in Auftrag gegebene Studie belegt, daß die Energieversorger, allen voran RWE und VEW, die Entsorgung ganzer Regionen übernommen haben *(Greenpeace 1994, Anlagen 1–4)*.

Den hohen Kosten steht nach Meinung einiger BeobachterInnen kein adäquater Gewinn für die Umwelt gegenüber: Es bestehe kein Anreiz, bereits in der Produktion nach weniger umweltschädlichen Produkten zu suchen oder Verpackungen ganz einzusparen – die KundInnen zahlen eh. Auch findet bei einem Großteil der Verpackungen kein Werkstoffrecycling, sondern ein Rohstoffrecycling statt. Nicht der Kunststoff wird wiederverwendet, sondern die Abfälle werden in die Rohstoffe Öl oder Gas umgewandelt, welche dann wiederum zur Produktion von neuen Kunststoffen verwendet werden können. Das hat für die Großunternehmen den Vorteil, daß in großtechnischen Anlagen die Abfälle weitgehend unsortiert in riesige Öfen geworfen werden können. Ökologisch wesentlich sinnvollere Verfahren von kleinen Unternehmen, die die Verpackungen in die einzelnen Kunststoffsorten trennen und diese einzelnen Komponenten dann dem werkstofflichen Recycling zuführen, werden nur bei einem kleinen Teil der anfallenden Kunststoffabfälle angewandt. Die von den Großunternehmen favorisierten Verfahren des Rohstoffrecyclings schneiden »im Vergleich zum werkstofflichen Recycling auf einer hohen nutzbringenden Ebene (...) weit schlechter ab« *(Greenpeace 1994, 34; sowie Bachmann 1995, 34 und 43).*

Kommt es auf dem Kleidersektor zu einem ähnlichen System, werden auch hier große Summen umgesetzt. Die gesammelten Altkleidermengen könnten bei einer höheren Erfassungsquote als bisher üblich bald ähnliche Tonnagen erreichen wie der Plastikmüll. Werden die zu entsorgenden Heimtextilien (Teppiche, Gardinen etc.) noch hinzuaddiert, fällt sogar eine wesentlich höhere Abfallmenge als beim »Grünen Punkt« an. Dieses sich abzeichnende Geschäft dürfte der Grund sein, daß sich zunehmend Großkonzerne für den Markt interessieren und Mittelständler sich zusammenschließen, um Übernahmen abzuwehren.

RWE/SOEX: Ein Großkonzern stieg in den Altkleidermarkt ein

Die RWE Entsorgung AG, eine Tochter des Energieversorgers RWE, wurde in den vergangenen Jahren systematisch ausgebaut und verzeichnet inzwischen Umsätze von mehr als einer Milliarde DM. Im Geschäftsjahr 1993/94 wurden Investitionen in Höhe von 1,002 Milliarden DM getätigt. Die Zahl der Beschäftigten stieg von 7.400 auf 8.400. Das Unternehmen betreibt im Bereich Papier, Pappe und Kartonagen Sortieranlagen mit einer Kapazität von 400.000 Tonnen pro Jahr. Zudem wurden 1993/94 38.000 Tonnen Kunststoffe und 870.000 Tonnen Bauabfälle verwertet *(RWE 1994, 6–17).*

Mit großer Unruhe registrierten viele mittelständische Unternehmer den Einstieg von RWE in die Firma SOEX. Die vorherigen Alleinbesitzer von SOEX sind seit vielen Jahren auf dem internationalen Altkleidermarkt aktiv und besitzen ein Geflecht von mindestens einem Dutzend Firmen. Dazu gehören neben Sortieranlagen auch Recyclingfirmen und Second-Hand-Ladenketten im In- und Ausland *(Amtsgericht 1994).* RWE/SOEX kaufte weitere Firmen auf, unter denen sich auch die wohl größte deutsche Altkleiderfirma befindet, die »Efiba GmbH & Co. KG«. Das Unternehmen sammelt und kauft jährlich 50.000 Tonnen Altkleider und ist wichtigster Partner des Deutschen Roten Kreuzes *(Stürmlinger 1995).*

Die Verantwortlichen für den Altkleiderhandel bei RWE/SOEX erwarten einen deutlichen Anstieg des Aufkommens von Altkleidern. Die unkontrollierte Vermarktung von Altkleidern werde bald vorbei sein. Bei Kunststoffverpackungsabfällen etwa müssen die Firmen inzwischen lückenlose Statistiken führen über das Müllaufkommen und den Endverbleib der Ware. Das werde es bald auch im Textilbereich geben mitsamt einer Zertifizierung der Firmen, die auf dem Markt tätig sein dürfen. Bis dahin will man neue Konzepte erstellt haben. Denkbar sei auch, dann flächendeckende Sammlungen über Container anzubieten. Letztendlich will SOEX/RWE in eigener Regie oder mit Partnern Altkleider sammeln, sortieren, recyceln und vermarkten. *(Jahn/Biege 1994).*

STM – Ein Zusammenschluß der Mittelständler

Nicht zuletzt als Reaktion auf die sich abzeichnende Macht des RWE-Konzerns gründeten mittelständische Unternehmen Ende November 1994 in Frankfurt die STM-Aktiengesellschaft. Die AG steht für alle Beteiligten am Textilrohstoffmarkt offen, seien es Sammler, Sortierer, Händler oder Betreiber von Recyclinganlagen. Die STM will »ein flächendeckendes Netz zur Erfassung von textilen Werkstoffen aus Industrie, Gewerbe, Kommune und Haushalte in der gesamten Bundesrepublik aufbauen.« Hinzu kommen »Erfassungssysteme zur Entsorgung verschmutzter Putzlappen – Vorbereitung und Durchführung von Kleidersammlungen – Ein flächendeckendes Netz von Annahmestellen, Sortier- und Verarbeitungsbetrieben nahe den Entfallstellen, um Transportwege zu minimieren«. Gemeinsam will man auch die Forschung und Entwicklung von neuen Recyclingmethoden betreiben sowie Investitionen in Maschinen und Anlagen vornehmen *(STM 1994b)*. Geplant ist die Aufstellung von 25.000 Containern bundesweit *(Handelsblatt 18.1.1995)*.

STM plant die Einführung eines »Blauen Punktes«: Die Hersteller der Kleidung sollen für die Verwendung des Signetes zahlen und STM übernimmt die Erfassung und Verwertung der Altkleider *(STM 1995a)*. Über ein solches System wird mit den Beteiligten am deutschen Bekleidungsmarkt noch verhandelt.

FairWertung auf der Suche nach Alternativen

Im Oktober 1994 gründeten karitative Organisationen einen Dachverband mit dem Namen »FairWertung«. Ziel ist der Aufbau eines Vermarktungskonzeptes für Altkleider, das entwicklungspolitische Kriterien beachtet und mögliche Schäden in den Empfängerländern zunehmend reduziert beziehungsweise gar nicht erst entstehen läßt. Der Verein hat ein Warenzeichen entworfen, daß nur die gemeinnützigen Organisationen benutzen dürfen, die sich FairWertung angeschlossen haben und nach deren Vorstellungen arbeiten.[17]

DACHVERBAND FAIRWERTUNG E.V.

Alle Einnahmen aus dem Geschäft sollen für gemeinnützige Arbeit verwendet werden, und zumindest 5 Prozent der Sammelware soll direkt der Entwicklungsarbeit oder der Katastrophenhilfe zukommen. Man will die Kleidung ausschließlich über langfristig angelegte Partnerschaften an solche Empfängerorganisationen weitergeben, die eine Hilfe zur Selbsthilfe zum Ziel haben.

Der Rest der Altkleider wird weiter als Gebrauchtkleidung verkauft oder geht ins Recycling. Verkauft werden soll sie nur an Händler, deren Weitervermarktung von FairWertung kontrolliert werden kann. Der Export auf den afrikanischen Kontinent wird in einem ersten Schritt auf weniger als 10 Prozent der Gesamtware reduziert. Eine weitere Reduzierung ist vorgesehen.

---

[17] Bisher sind beigetreten: CAJ-Bundesverband, CAJ-Diözesanverband Münster, KAB Diözese Aachen, KAB Bezirk Recklinghausen, Aktion Solidarität (Dorsten), KAB-Bezirk Hagen, Volksverein Mönchengladbach, KAB/CAJ Lennestadt, Katholische Jugend Kulmbach, BDKJ-Burgebach, Aktion Hoffnung Rottenburg-Stuttgart e.V., CVJM-Ulm, Katholische Pfarrgemeinde Aachen-Brand, Katholische Pfarrjugend Essen. Mit weiteren circa 100 Verbandsvertretern bestehen Kontakte.

Diese kontrollierte Vermarktung soll durch den Aufbau eines Verbundsystems von Sortiermöglichkeiten gewährleistet werden. Geplant oder in Vorbereitung ist die Kooperation mit Arbeitslosen- und Beschäftigungsinitiativen sowie Verträge mit Sortierwerken. FairWertung baut 1996 ein erstes eigenes Sortierwerk auf. Das Ziel der Schaffung neuer Arbeitsplätze wird vor allem über die Zusammenarbeit mit Beschäftigungsgesellschaften verfolgt, mit denen bis Mitte 1995 sechs Kooperationen aufgebaut werden konnten. Weitere sind in Planung.

4.7 Änderungen in der europäischen Gesetzgebung

Die Unübersichtlichkeit des Altkleidermarktes und der offensichtliche Widerspruch zwischen entwicklungspolitischen Zielen der europäischen Regierungen und den Auswirkungen der Altkleiderexporte werfen die Frage auf, warum der Gesetzgeber nicht reagiert. Nur Gesetze, die eine genaue Rechenschaft über den Verbleib der Altkleider vorschreiben, können für Transparenz auf diesem Markt sorgen: Die Altkleidersortierer und -händler müssen verpflichtet werden, über den weiteren Weg jedes Kilos Altkleider Buch zu führen. Und sie müssen verpflichtet werden, diese Zahlen auch offenzulegen.

Eben dies wurde nach jahrelangem Ringen und vielen Skandalen mittlerweile in internationalen Verträgen für Giftmüll vorgeschrieben (wobei die Kontrolle der Vorschriften noch auf einem anderen Blatt steht). Auch auf dem Markt für Kunststoffabfälle wird inzwischen versucht, den schlimmsten Wildwuchs einzudämmen. Ähnliches muß auch für Altkleider eingeführt werden. Ansätze in diese Richtung gibt es bereits.

»Artikel 18: (1) Die Ausfuhr von Abfällen in AKP-Staaten[18] ist verboten.«

So eindeutig dieses Zitat aus der EU-Verordnung Nr. 259/93 klingt: Die rechtlichen Bestimmungen für den Export von Altkleidern sind – gelinge gesagt – unübersichtlich. Die Gesetze, Vorgaben und Richtlinien der Europäischen Union[19] und der Bundesrepublik Deutschland widersprechen sich teilweise in wichtigen Punkten. Laut Abfallbegriff der EU-Gesetzgebung »sind Abfälle alle Stoffe und Gegenstände, deren sich der Besitzer entledigt oder gemäß den geltenden einzelstaatlichen Vorschriften zu entledigen hat.« Dies umfaßt nach einem Urteil des Europäischen Gerichtshofes aus dem Jahre 1990 ausdrücklich auch Stoffe und Gegenstände, »die zur wirtschaftlichen Wiederverwertung geeignet sind. Nationales Recht, das wiederverwendbare und -verwertbare Stoffe aus dem Abfallbegriff ausschließt, steht demnach nicht mit dem europäischen Abfallrecht in Einklang.« *(Seibert 1994, 415.)*

Wesentlich für den Export von Stoffen und Gegenständen, die unter den Begriff Abfall fallen oder – je nach Interpretation – fallen könnten, ist die am 6. Mai 1994 in Kraft getretene »Verordnung (EWG) Nr. 259/93 des Rates vom 1. Februar 1993 zur Überwachung und Kontrolle der Verbringung von Abfällen in der, in die und aus der Europäischen Gemeinschaft«.

Diese verbietet in Abschnitt C generell den Export von Abfällen in AKP-Staaten (»Artikel 18: (1) Die Ausfuhr von Abfällen in AKP-Staaten ist verboten.«) und schränkt auch Exporte in andere nicht-EU-Staaten massiv ein: Die Entsorgung müsse in nach EU-Standards umweltgerechten Anlagen stattfinden, die durch EU-Behörden spätestens bis Ende 1996 zu überpüfen seien. Sind die Behörden am Versandort nicht sicher, ob die Entsorgung ordnungsgemäß möglich ist, müssen sie den Export verbieten.

Im einem Anhang des Gesetzestextes werden Altkleider in der »Grünen Liste« der unproblematischen Güter, deren Export bei Erfüllung der Voraussetzungen bezüglich der Wiederaufbereitungsanlagen – aber eben auch nur dann – weiterhin möglich ist, aufgeführt *(Amtsblatt 1993)*. Diese Ausführungen bieten Raum für eine große Spannbreite von Interpretationen. Das Problem beginnt schon bei der Frage, ob Altkleider unter den Begriff Abfälle fal-

---

[18] Die AKP-Staaten sind eine Gruppe von 69 Staaten Afrikas, der Karibik und dem Pazifik, die im Rahmen der Lomé-Abkommen spezielle Handelsverträge mit der Europäischen Union geschlossen haben. Ziel dieser Verträge soll die Förderung des Handels mit diesen Staaten und, so zumindest die erklärte Absicht, der Entwicklung in diesen Staaten sein.

[19] Folgende Regeln bei der Interpretation von EU-Beschlüssen sind zu beachten:
»Die Verordnung hat allgemeine Geltung. Sie ist in allen ihren Teilen verbindlich und gilt unmittelbar in jedem Mitgliedsstaat.
Die Richtlinie ist für jeden Mitgliedsstaat, an den sie gerichtet wird, hinsichtlich des zu erreichenden Zieles verbindlich, überläßt jedoch den innerstaatlichen Stellen die Wahl der Form und der Mittel.
Die Entscheidung ist in allen ihren Teilen für diejenigen verbindlich, die sie bezeichnet.
Die Empfehlungen und Stellungnahmen sind nicht verbindlich.« (Europäische Gemeinschaft 1992, 140.)

len. In der Verordnung wird festgehalten (Artikel 2, Absatz a), es falle unter den Begriff Abfälle, was im »Abfallverzeichnis« aufgeführt worden sei. Dieses wurde einige Monate nach dem oben zitierten Text veröffentlicht. In der »Entscheidung der Kommission vom 20. Dezember 1993 über ein Abfallverzeichnis gemäß Artikel 1 Buchstabe a) der Richtlinie 75/442/EWG des Rates über Abfälle« gibt es eine Sammelkategorie, unter der auch die Altkleider aufgelistet werden:

»20 00 00 Siedlungsabfälle und ähnliche gewerbliche und industrielle Abfälle sowie Abfälle aus Einrichtungen, einschließlich getrennt gesammelte Fraktionen (...)

20 01 10 Bekleidung

20 01 11 Textilien (...)« *(Amtsblatt 1994).*

Demnach sind laut EU-Richtlinie Altkleider Abfälle. Doch es ist umstritten, ob das »Abfallverzeichnis« verbindlich in das nationale Recht der EU-Staaten übernommen werden muß, zumal es sehr unkonkret gehalten ist. Da Unklarheiten bestehen, bleibt in der Praxis zur Zeit »nur der Rückgriff auf das nationale Recht.« *(Seibert 1994, 417.)*

Es ist daher wohl nicht überraschend, daß in der Auslegung der Verordnung zu Beginn viele Probleme auftauchten. Der Spediteur Peter Harms schrieb im Mai 1994 unmittelbar nach Inkrafttreten der Verordnung einen Brief an das Bundesministerium für Finanzen, in dem er bezüglich der von ihm transportierten Altkleiderexporte festhielt: »Die Verordnung 259/93 definiert diese Waren grundsätzlich unter 'Abfälle'. Die 'Grüne Liste' erlaubt es, diese Waren weiterhin zu exportieren. Jedoch muß dann eine Bescheinigung erbracht werden, aus der hervorgeht, daß diese Ware an eine Wiederaufbereitungsanlage geht. Es ist uns nicht möglich, solche Bescheinigungen zu erbringen. Die Waren sollen ja nicht wiederaufbereitet werden ...« *(Harms 1994).* Einzelne Zollämter lehnten mit Berufung auf die EU-Verordnung die Exportgenehmigung ab. Die Einschaltung der Ministerien hatte vorläufig insofern Erfolg, als beschlossen wurde, daß Altkleider als Wirtschaftsgut nicht unter die Verordnung fallen.

Dennoch bleibt der Export problematisch, da einzelne Länder den Import von Altkleidern unter Berufung auf die EU-Gesetze untersagen. Ende März 1995 erreichten nahezu gleichlautende Briefe Abgeordnete des Bundestages. VertreterInnen der Handels-, Sortier- und Recyclingfirmen forderten von den

Abgeordneten »Druck auf die Bundesregierung und Brüssel!« Die EU-Verordnungen würden den Handel mit Altkleidern und damit 10.000 Arbeitsplätze gefährden *(Seeger 1995).*

Auch in Großbritannien wurden schon vor dem Inkrafttreten der Exportverordnung ParlamentarierInnen gegen die Verordnung mobilisiert. Der britische Verband der Altkleiderhändler, »The Reclamation Association«, schaltete die PolitikerInnen ein, um sowohl national als auch international gegen die Aufnahme der Altkleider in die »Grüne Liste« vorzugehen, da dies zu Importverboten durch die Zielländer führen könne. Der internationale Dachverband der Altstoffhändler, das »Bureau for International Recycling« (BIR), protestierte ebenfalls gegen die EU-Verordnung *(Material Reclamation Weekly 1994).*

Fakt blieb jedoch, daß nach EU-Recht eine klare Deklaration von Altkleidern als Nicht-Abfall nur dann möglich ist, wenn die Ware sortiert ist. Sonst sind die Exporte in die AKP-Staaten verboten und die Exporte nach Osteuropa nur dann möglich, wenn Wiederaufbereitungskapazitäten gemäß den EU-Standards für die anfallenden Abfälle vorhanden sind.

Die Realität sieht etwas anders aus. Ein Altkleiderhändler nannte die Verordnung eine »tolle Sache« für die Zöllner aus Polen, Ungarn, Slowakei und Tschechien, die bei entsprechenden Zuwendungen beide Augen zudrückten und die Ware ins Land lassen. Dies dürfte nicht nur für die Vertriebswege nach Osteuropa gelten.

Widersprüche zur deutschen Gesetzgebung

Weiter verkompliziert wird die Sachlage dadurch, daß nach dem zur Zeit gültigen bundesdeutschen Recht ein Altstoff »regelmäßig dann nicht Abfall, sondern Wirtschaftsgut« ist, »wenn für ihn ein Marktpreis erzielt werden kann.« Änderungen in diesem Bereich zieht das 1996 in Kraft tretende Kreislaufwirtschafts- und Abfallgesetz nach sich. »Die bisherigen Abgrenzungsschwierigkeiten zwischen Abfall und (verwertbarem) Wirtschaftsgut sollen beseitigt werden, um die grundlegenden Ziele einer vorrangigen Vermeidung und Verwertung von Abfällen zu erreichen.« In den Bestimmungen werden Teile der EU-Abfallrahmenrichtlinie »beinahe wörtlich« übernommen. Das »Abfallverzeichnis« der EU wurde allerdings bisher nicht übernommen, »ganz offensichtlich wegen der beschriebenen Unsicherheit über den Verbindlichkeitsgrad.« *(Seibert 1994, 418.)*

Bei den bundesdeutschen Behörden ist im Zuge der Skandale um den Export des »Wirtschaftsgutes« Kunststoffverpackungsabfall die Sensibilität für die Möglichkeit des Mißbrauchs bei der Einordnung von Abfällen als Wirtschaftsgut gewachsen. Zur Zeit wird eine Verwaltungsvorschrift vorbereitet, die die Übereinstimmung von deutschem Recht und EU-Bestimmungen schaffen soll. Nach Einschätzung des Umweltbundesamtes wird mit dieser Vorschrift der Export von unsortierten Altkleidern deutlich schwieriger werden. Exporte seien nur noch dann erlaubt, wenn eine Bestätigung der Empfänger vorliege, die Altkleider ordnungsgemäß zu verwenden und zu verwerten.

Dagegen sollen Stoffe und Gegenstände, die – und sei es nach Reparaturen – weiterverwendet werden können, weiter exportiert werden dürfen. Dies gelte auch für Second-Hand-Kleider. Doch könnten nur noch Altkleider exportiert werden, die zu weniger als 10 Prozent Abfall enthalten. Zudem müsse eine Bestätigung des Empfängerlandes vorliegen, daß der Abfallanteil aussortiert und entsorgt wird. Bei der Verbringung in Nicht-EU-Länder »bedarf es jedoch einer Einzelfallprüfung.« *(Fischer 1995.)*

Diese Übernahme der EU-Gesetze könnte umfassende Änderungen auf dem Altkleiderexportmarkt bewirken: Unsortierte Ware darf demnach nicht mehr in Länder außerhalb der EU geliefert werden. Zudem liegen die Kontrollen dann bei den die Exporte bewilligenden Behörden. Zu hoffen ist, daß die deutschen Behörden tatsächlich strikt kontrollieren, ob die Bestimmungen eingehalten werden. Dadurch könnten in einem ersten Schritt zumindest die illegalen Exporte unsortierter Waren und von Abfällen unterbunden werden.

In einem zweiten Schritt müßte allerdings überprüft werden, ob sich die momentanen Bestimmungen mit den entwicklungspolitischen Zielen der Bundesregierung vereinbaren lassen. Werden mit der Erteilung der Exportgenehmigungen eigene Projekte ge- oder zerstört? Schadet man mit der einen Hand Ländern, denen man mit der anderen hilft? Auch in diesem Bereich sollte Entwicklungspolitik endlich als Querschnittsaufgabe verstanden werden: Die Erarbeitung neuer Abfallgesetze muß mit den EntwicklungspolitikerInnen abgestimmt werden.

Neben dem entwicklungspolitischen Aspekt sollte der Gesetzgeber zudem beachten, daß eine Verwertung der Altkleider innerhalb Deutschland Arbeitsplätze schaffen könnte: Die Altkleider könnten teilweise im Lande sortiert und anschließend repariert oder recycelt werden!

5. Karitative Organisationen müssen umdenken

5.1 Aufhören mit dem Altkleidersammeln?

Das durchdachte Sammeln alter Kleidung ist in jedem Fall sinnvoll: Zum einen gibt es tatsächlich Bedürftige, die auf die Kleidung angewiesen sind. Der Mißbrauch des Willens der AltkleiderspenderInnen durch einige Marktteilnehmer darf nicht zu Lasten der Menschen beendet werden, die Altkleidung benötigen. Zum anderen sprechen auch ökologische Erwägungen für das Sammeln der Altkleider.

Kaum ein Käufer und eine Käuferin neuer Kleidung macht sich bewußt, wie stark die Umwelt bei der Produktion von neuen Textilien und von Kleidung belastet wird. Da wir normalerweise keine rauchenden Schornsteine über den Fabriken dieser Branchen sehen, gehen wir oft davon aus, die Belastung der Natur könne nicht allzu hoch sein.

Dabei beginnt die massive Schädigung der Natur schon bei der Züchtung beziehungsweise Produktion der Fasern. Bei der Baumwollproduktion fallen große Mengen von Giftstoffen an, da die Pflanzen immer wieder mit Chemikalien behandelt werden müssen. Schätzungen gehen davon aus, daß zwischen 6 und 10 Prozent der weltweit verbrauchten Pestizide allein für den Baumwollanbau verwendet werden. Dies sind circa 150.000 bis 250.000 Tonnen Wirkstoff. Ein Teil dieser Wirkstoffe wird zwar von Großkonzernen der Industriestaaten hergestellt, doch ihre Anwendung ist in Europa und den USA wegen der »Nebenwirkungen« auf Umwelt und Anwender verboten *(Knirsch 1993, 11–15).*

Auch Chemiefasern stellen eine Umweltbelastung dar. Sie werden aus Erdöl hergestellt, was an sich schon den unwiederbringlichen Verlust eines nicht erneuerbaren Rohstoffes bedeutet. Und auch hier entstehen bei der Produktion viele giftige Abfallprodukte.

Alle Fasern – ganz gleich ob natürliche oder chemische – müssen unter Aufwand von Energie versponnen und verwoben werden. Der Einsatz von

Chemie geht noch weiter. Ob Wolle, Baumwolle, Leinen, Seide oder Chemiefasern: Sie alle werden »veredelt«, damit sie weniger knittern, sich besser anfühlen, leichter zu waschen sind etc.. Auch das Färben zählt zur Veredelung. »Man schätzt, daß ca. 8.000 verschiedene Veredelungs- und Hilfsmittel eingesetzt werden, die wiederum aus ca. 500 Grundchemikalien zusammengesetzt sind.« *(Gesellschaft für Bio- und Umwelttechnologie 1993, 56.)* »Die Textilindustrie ist der größte Abnehmer von Farben: 500.000 bis 600.000 Tonnen der insgesamt 1,2 Millionen Tonnen Farbstoffe, die weltweit pro Jahr hergestellt werden, sind für Textilien bestimmt.« *(Rosenkranz/Castello 1993, 89.)*

5.2 Wohin mit den nicht mehr exportierten Altkleidern?

Die Forderung nach einer Einschränkung der kommerziellen Exporte von Altkleidern wirft natürlich die Frage auf, was in Zukunft mit diesen geschehen soll. Hier sind drei Wege denkbar:

1. Der vermehrte Vertrieb von Second-Hand-Ware in Deutschland und anderen Industrienationen.

2. Ein Ausbau des Altkleiderrecycling.

3. Die gezielte Abgabe an tatsächlich Bedürftige im In- und Ausland.

Diese Maßnahmen sollten parallel zueinander durchgeführt werden. Eine Stärkung des lukrativen Second-Hand-Verkaufes könnte bei gleichbleibenden Einnahmen etliche Prozent der derzeitigen Exporte überflüssig machen. Der Ausbau des Recycling könnte einen großen Teil der Exporte überflüssig machen. Eng begrenzt dürfte dagegen die Aufnahmefähigkeit des Marktes für gezielte Lieferungen an Bedürftige sein.

Verkauf in Second-Hand-Läden

In den USA und Großbritannien finanzieren ganze Korps der Heilsarmee ihre Arbeit, indem sie Altkleider in sogenannten »Thrift-Shops« verkaufen. Ähnliches ließe sich in Deutschland über die schon bestehenden Projekte hinaus aufbauen. Armut ist längst auch in Deutschland ein Thema. Die Zahl der Arbeitslosen dürfte noch eine Weile bei 3,5 Millionen registrierten Betroffenen liegen. Dazu kommen Obdachlose und Sozialhilfeempfänger sowie Flüchtlinge und Aussiedler, die oftmals eine Erstausstattung benötigen. Zudem verliert der Kauf von Second-Hand-Kleidung langsam das zeitweise sehr schlechte Ansehen. Eine Allensbach-Umfrage belegt die steigende Bereitschaft von VerbraucherInnen, Second-Hand-Ware zu kaufen *(Orth 1995)*. Neben KundInnen mit knappem Geldbeutel bedient der Markt längst eine breite Palette von modebewußten Jugendlichen, die ausgefallene Ware suchen, über die Ottonormal-Verbraucher bis hin zu KundInnen, die in Edelboutiquen nach dem Schnäppchen von Lagerfeld, Jil Sander etc. suchen. Weitere Nachfrage entsteht durch das zunehmende ökologische Problembewußtsein der KäuferInnen neuer Kleidung.

In einem »Öko-Test-Sonderheft: Naturmode und Kosmetik« schnitt beispielsweise ausgerechnet die von vielen Menschen sehr genau beobachtete Kinderbekleidung im Test so schlecht ab, daß die AutorInnen die Frage aufwerfen, ob nicht grundsätzlich versucht werden soll, gerade für Kinder möglichst oft gewaschene Second-Hand-Kleidung zu kaufen. Auch neue Kleidung für Erwachsene schnitt teilweise sehr schlecht ab *(Öko-Test-Sonderheft 1994)*.

Solche Testergebnisse und die Diskussionen bei den VerbraucherInnen legen nahe, daß zum einen die Hersteller 'sauberer' und damit meist auch leicht recycelbarer Kleidung auf gute Geschäfte hoffen können, und daß zum anderen der Second-Hand-Markt eher noch wachsen wird. Die Sortierfirmen verzeichnen zur Zeit sowohl in Deutschland als auch in Westeuropa einen solchen Run auf Second-Hand-Ware, daß sie die Nachfrage kaum noch befriedigen können *(Rohstoff Rundschau Nr. 13/1994, 460)*.

Wie breit gefächert Angebot und Nachfrage mittlerweile sind, zeigt eine jährlich in verschiedenen Städten veranstaltete Modemesse für gebrauchte Kleidung und Avantgarde-Mode. Diese Messen erfreuen sich steigender Beliebtheit. Die Besucherzahlen stiegen beispielsweise in Essen von 10.000 Menschen im Jahre 1991 auf 17.000 Besucher 1994 *(Orth 1995)*. Für den Besuch der Messe muß 10 DM Eintritt bezahlt werden. Nach Schätzungen der Messeveranstalter stieg in den vergangenen Jahren der Absatz von Second-Hand-Kleidung bundesweit um jährlich circa 30 Prozent *(Gründer 1995)*.

Während der dreitägigen Schau in Köln (10.3.–12.3.1995) verkauften circa hundert Aussteller aus der ganzen Bundesrepublik sowohl neue Kleidung als auch gebrauchte Waren. Die Preise für die »Szene-Waren« waren teilweise sehr hoch. Ebenso überraschend war, welche Artikel sich gut verkaufen lassen.

Neben den erwarteten Waren wurde Kleidung für Preise zwischen 15 und 500 DM verkauft, die bei unerfahrenen MarktbeobachterInnen wohl eher auf der Deponie gelandet wären. Die Spannbreite reichte von zerissener Bundeswehr-Unterwäsche über Kordhosen bis hin zu den bekannten Designermarken.

Verkaufspreise auf der Second-Hand-Mode-Messe in Köln (10.3.–12.3.1995):	
Adidas-Trainingshosen	39 DM
Adidas-Trainingsjacken	49 DM
Levis 501-Hosen	89 DM
Levis 501-Hosen abgeschnitten	20 DM
Cord-Hosen	35–45 DM
(teils löchrige) Latzhosen	59–119 DM
Lederjacken	50–350 DM
Bundeswehrunterhemden	15 DM
Bundeswehrhosen	35 DM
Raumschiff-Enterprise T-Shirts	69 DM
Jil Sander-Hosen	ab 250 DM
Jil Sander-Jackets	250–500 DM

Diese Stückpreise sind zugegebenermaßen Spitzenerlöse, da die aufgezählten Produkte nur einen sehr geringen Anteil am Gesamtaufkommen der Altkleider haben. Doch hier wird die »Wertschöpfung« deutlich, die sich von der unsortierten Sammelware hin zum Second-Hand-Gut vollziehen kann.

Neben diesem extremen Ende der Altkleiderkette, das sehr stark von vorübergehenden Modewellen beeinflußt wird, zeigen auch andere Ideen, wie vermehrt Altkleider in Deutschland abzusetzen sind. Zusätzlich sollte überlegt werden, ob sich nicht durch die Reparatur von Altkleidern Arbeitsplätze schaffen lassen. Insbesondere Arbeitslosenprojekte können versuchen, über das Sammeln, Reparieren und Verkaufen der Altkleider sich selbst tragende Arbeitsplätze zu schaffen. Eben dies wird auch schon in einigen Städten praktiziert.

Es gibt verschiedene Wege, Altkleider ohne Schaden für die Zweidrittelwelt zu verwerten. Insbesondere kleine Organisationen sind hier sehr findig. Ähnlich arbeitende Gruppen wie die hier beschriebenen gibt es in vielen Städten und Gemeinden:

Eine Kleiderkammer in Wuppertal

Mitglieder einer Kirchengemeinde haben in einem Kellerraum eine Kleiderkammer eingerichtet. Dort werden Altkleider abgegeben, sortiert, teilweise auch gewaschen und die guten Sachen auf Bügeln aufgehängt. Alle zwei Wochen ist der Laden abends für einige Stunden geöffnet, und Altkleider können anprobiert und mitgenommen werden. Einen Satz Kleidung gibt es pro Person umsonst. Wollen die KundInnen mehr mitnehmen, müssen sie einen Obulus entrichten, der einem karitativen Projekt zugute kommt. So soll verhindert werden, daß einzelne Personen große Mengen guter Altkleider mitnehmen, nur um sie nachher zu verkaufen.

Oxfam

Oxfam ist eine 1942 gegründete Hilfsorganisation, die 1994 circa 3.000 Entwicklungshilfeprojekte in mindestens 80 Staaten unterstützte. Nach Geldspenden ist eine Kette von mehr als 1000 Läden (davon allein ungefähr 850 in Großbritannien) die Haupteinnahmequelle des Vereins. Mittlerweile gibt es auch in Deutschland drei Läden (Berlin, Köln, Frankfurt) und weitere 8 bis 10 sollen eröffnet werden. In diesen Läden verkaufen ehrenamtliche Kräfte (weltweit sind etwa 27.000 Menschen für Oxfam im Einsatz) gebrauchte Kleidung, Spielzeuge, Schallplatten etc., die zuvor in den Läden abgeben wurden. Alle Einnahmen werden für die weitere Arbeit von Oxfam verwendet.

Neben den Läden betreibt Oxfam die größte Textilrecyclinganlage Großbritanniens, die über eine Kapazität von wöchentlich 80 Tonnen verfügt. Hier wird ein großer Teil der Altkleider recycelt, die in den Läden nicht verkäuflich sind. Auch die deutschen Läden suchen Recyclingmöglichkeiten und wollen verhindern, daß die von ihnen nicht verkauften Altkleider in den Export gelangen und dann eventuell Arbeitsplätze zerstören, während gleichzeitig versucht wird, mit Hilfe der Erlöse aus dem Altkleiderverkauf neue Jobs zu schaffen.

Malteser/Köln

In Köln hat der Malteser-Hilfsdienst einen LKW so hergerichtet, daß er als Altkleiderverkaufsmobil dient. Er steht zu festgelegten Zeiten an angekündigten Orten und bietet einerseits die Möglichkeit, dort Kleidung abzugeben, und andererseits die Gelegenheit, billig Kleidung zu erwerben *(Kölner Stadt-Anzeiger 30.5.1995)*.

Umweltzentrum Köln-West

Im Umweltzentrum Köln-West wird seit vielen Jahren Müll getrennt gesammelt und der Wiederverwertung zugeführt. Das Zentrum beschäftigt nahezu ausschließlich über ABM finanzierte Langzeitarbeitslose, die älter als fünfzig Jahre sind. Zur Unterstützung der Restfinanzierung der Stellen werden auch Kleider gesammelt. Die Altkleider werden sortiert, teilweise gewaschen und repariert, um sie anschließend in zwei eigenen Second-Hand-Läden zu verkaufen. Das Umweltzentrum darf aufgrund einer Vereinbarung mit der Stadt Köln keine Straßensammlungen durchführen. Die SpenderInnen bringen die Kleider direkt in die Läden oder zur Zentralstelle. Nicht verkäufliche Ware wird an eine Recyclingfirma verkauft.

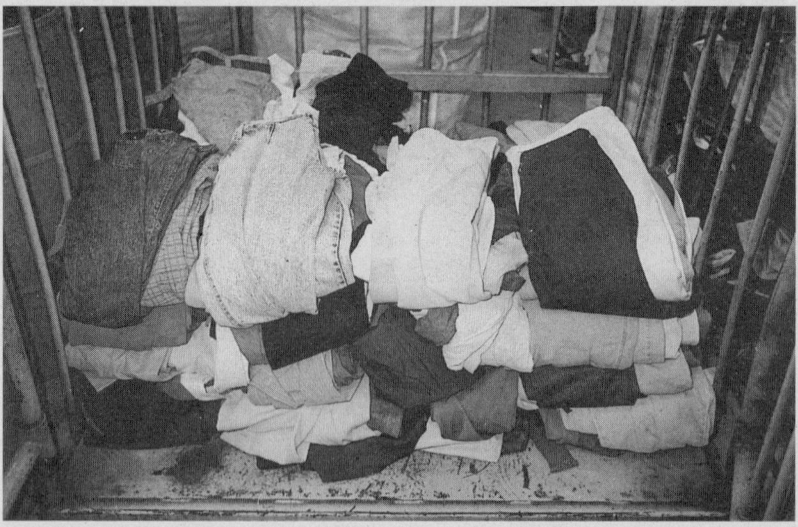

Foto: Friedel Hütz-Adams

Ausbau des Recycling

Ein Ausbau des Recycling ist auf den verschiedensten Wegen denkbar. Die im Kapitel über das Recycling beschriebenen Wege müssen noch weiter verbessert werden. Im großen Stile kann zudem versucht werden, kommerzielle Recyclingfirmen über feste Verträge zu neuen Investitionen zu bewegen: Bisher müssen diese Unternehmer bei Investitionen immer überlegen, ob sie ihre Anlagen auch tatsächlich langfristig auslasten können. Eröffnen sich beispielsweise neue große Exportmärkte für Altkleider kann es sein, daß sie nicht mehr genug Ware bekommen oder nur noch zu Preisen, die kein kostendeckendes Arbeiten mehr ermöglichen. Verpflichten sich jedoch karitative Organisationen über Verträge fest an diese gebundene Sortierfirmen, eben nicht bei steigenden Preisen auf den Exportzug zu springen, sondern konstante Mengen an den Recycler zu liefern, steigt bei diesem die Investitionssicherheit. Dies erhöht wiederum den Anreiz für diese Firmen, neue Recyclingmethoden zu entwickeln und aufzubauen. Wie notwendig solche Schritte sind zeigt, sich unter anderem daran, daß deutsche Recyclingfirmen zur Zeit Altkleider aus den USA importieren müssen, um ihre Maschinen auszulasten.

Unterstützt werden kann der Ausbau des Recycling noch durch die in vorangegangenen Kapiteln skizzierte schrittweise Umstellung der Produktion hin zu sortenreinen Kleidungsstücken. Weiterhin muß der vermehrte Einsatz von Recyclingfasern zu einem Kriterium für umweltbewußte Produkte ausgebaut werden. Als Vorbild kann der Gebrauch von Recyclingpapier dienen, daß im Laufe der Jahr zu einem »Muß« für ökologiebewußte Firmen und Personen wurde.

Gezielte Abgabe an Bedürftige im In- und Ausland

Wie bereits dargelegt können innerhalb Deutschlands Bedürftige mit Altkleidern versorgt werden. Eine gezielte Abgabe der Altkleider auch im Ausland – also das, was nach Meinung vieler SpenderInnen mit den Altkleidern geschehen soll – wirft viele Probleme auf. Schon die Frage, wie ein solcher Export von Altkleidern entwicklungsverträglich aussehen könnte, läßt sich nicht umfassend beantworten, da sich die Lage von Land zu Land und von Jahr zu Jahr anders darstellt. Grundvoraussetzung einer ehrlichen Antwort auf kritische Nachfragen sind verläßliche Daten zur Situation der in den potentiellen Empfängerländern vorhandenen Textil- und Bekleidungsindustrie, zur even-

Foto: medusa-film

Altkleiderpresse

tuellen Exportfähigkeit der Nachbarländer im Textilbereich, sowie über die Kaufkraft der Bevölkerung und die EmpfängerInnen der Altkleider.

Die Erhebung der Daten birgt eine Reihe von Problemen: Wer wird gefragt? Werden Regierungsverantwortliche vielleicht für ihre exportfreundlichen Antworten bezahlt? Wollen Industrieverbände und Gewerkschaften mit negativen Aussagen über Altkleider ohne Rücksicht auf Bedürftige und VerbraucherInnen nur ihre Klientel schützen? Und wenn zumindest mit großer Wahrscheinlichkeit gesagt werden kann, daß ein Export von Altkleidern in ein bestimmtes Land sinnvoll ist, wer bestimmt und kontrolliert die Menge der Ware und ihre EmpfängerInnen?

Wie kontrovers die Diskussionen geführt werden, belegt die aufkommende Kritik an Altkleiderlieferungen im Rahmen der Katastrophenhilfe, die bisher weitgehend unumstritten war. Auch hier zeigen sich gravierende Problemfelder. »Brot für die Welt« beispielsweise kauft Kleider für die Katastrophenhilfe möglichst in der Region. »Nur in Ausnahmefällen, wo dies in der gebotenen Zeit nicht möglich ist, lassen wir die Hilfsgüter einfliegen.« *(Graunke 1994).*

Eine Reihe von Missionswerken äußerte sich ähnlich. Die Norddeutsche Mission erfuhr beispielsweise von den Partnern aus Togo: »Gemäß ihren Erfahrungen, so die Vertreter der Evangelischen Kirche von Togo, sei es nicht sinnvoll, Altkleider nach Togo zu schicken. Es gäbe keinen Bedarf dafür, sagten sie, und es schien mir auch, daß sie es ein Stück weit entwürdigend empfanden (die Tatsache, daß Afrikaner abgetragene Kleidung von Europäern tragen sollen).« Selbst bei der Versorgung von Gefängnisinsassen sei es sinnvoller, Kleidung auf dem heimischen Markt zu kaufen *(Pult 1994).*

Das Missionswerk der Evangelisch-Lutherischen Kirche in Bayern empfiehlt grundsätzlich eine genaue Prüfung, ob Hilfsgüter aus Europa kommen müssen oder auch vor Ort eingekauft werden können. Neben hohen Aufwendungen für die Transportkosten, die sich sinnvoller in der Region ausgeben ließen, warnen sie vor der Schaffung von Abhängigkeiten durch Sachspenden. Zudem fragen sie nach, ob eine umweltfreundliche Entsorgung der Spenden vor Ort zu gewährleisten ist *(Missionswerk der Ev.-Luth. Kirche in Bayern 1991).*

Die Stiftung Entwicklungs-Zusammenarbeit Baden Württemberg warnt ausdrücklich vor den negativen Auswirkungen der Kleiderspenden und fragt nach, ob diese im Katastrophenfall überhaupt rechtzeitig in der betroffenen Region eintreffen *(Stiftung Entwicklungs-Zusammenarbeit 1994).*

Nach der Flutkatastrophe in Bangladesh wurde beispielsweise vor einigen Jahren eine halbe Million Decken gespendet, die erst Monate nach der Flut in der Region eintrafen und dann in ganz Nordindien – dort zahlten die KundInnen mehr – verkauft wurden *(Lorentz 1994).*

Alle KritikerInnen der Not- und Katastrophenhife betonen, diese mache dann Sinn, wenn die Altkleider schnell in Gebiete verbracht werden, in denen es nicht möglich ist, Kleidung in der Region zu kaufen. Denkbar sind – sofern eine Lieferung für sinnvoll befunden wurde – verschiedene Wege des Absatzes der Altkleider.

Verkauf an Partner zur Unterstützung von Projekten

Voraussetzung des Aufbaus dieser Vermarktungswege ist die Kontaktaufnahme zu Partnerorganisationen in den potentiellen Empfängerländern. Hierbei könnten insbesondere bei den international kooperierenden karitativen Organisationen bestehende Partnerschaften ausgebaut werden.

Zu bedenken bleibt allerdings auch bei solchen Geschäften, daß neben den für den kommerziellen Handel angeführten möglichen schädlichen Nebenwirkungen des Altkleiderhandels für die einheimische Wirtschaft auf jeden

Fall Devisen abfließen, was angesichts der kritischen finanziellen Lage der meisten potentiellen Empfängerstaaten entwicklungspolitisch bedenklich ist. Zudem erhöht der zu zahlende Betrag den Druck auf die Partner, die Altkleider eben nicht nur an die Bedürftigen billig zu verkaufen, sondern im kommerziellen Handel möglichst viel Geld zu erlösen.

Verschenken der Altkleider an Partnerorganisationen zur Unterstützung von Projekten

Auch diese Form des Altkleiderexportes birgt grundsätzlich die gleiche Gefahr wie die kommerziellen Exporte: Es kann zur Substitution von Eigenproduktion kommen und die Frage bleibt bestehen, ob sich der Transport- und Verwaltungsaufwand lohnen.

Diese Gefahren können verringert werden durch eine enge Kooperation mit Partnerorganisationen vor Ort. Diese müßten den Bedarf von Altkleiderimporten signalisieren und eine kontrollierte Abgabe der Kleidung an Bedürftige gegen ein geringes Entgelt übernehmen. So kann eine relativ weitgehende Kontrolle des Verbleibs der Ware gewährleistet werden. Diese Art der Vermarktung beendet den Abfluß von Devisen für die Kleidung und schafft zudem vor Ort Kapital zur Förderung von Projekten. Dabei fallen jedoch für die deutschen Organisationen hohe Kosten an. Diese Art der Vermarktung kann daher nur bei einem kleinen Teil der anfallenden Altkleider praktiziert werden und bietet keine Lösung für die Gesamtproblematik. Insgesamt gesehen dürften die Möglichkeiten, die Altkleider gezielt an Projekte abzusetzen, relativ begrenzt sein. Sie werden sich auf akute Notfälle und Problemgebiete wie Flüchtlingslager oder andere extrem benachteiligte Gebiete beschränken.

6. Notwendige konkrete Schritte

6.1 Karitative Verbände, Kirchen und Gemeinden

Die karitativen Verbände sammeln einen großen Teil der in Deutschland anfallenden Altkleider. Sie müssen sich endlich für den Verbleib der von ihnen weiterverkauften Altkleider verantwortlich fühlen und entsprechend dem Willen der SpenderInnen handeln:

- Die Frage, ob die Finanzierung deutscher Sozialleistungen durch die Inkaufnahme des Arbeitsplatzverlustes von AfrikanerInnen moralisch zu rechtfertigen und mit der eigenen Satzung vereinbar ist, muß endlich von allen Altkleider sammelnden karitativen Organisationen offen diskutiert werden.
- Sie müssen Rechenschaft verlangen über den Verbleib der von ihnen weiterverkauften Altkleider.
- Geben die Abnehmer keine nachprüfbare Auskunft über den Verbleib der Ware, sollten bestehende Vertragsverhältnisse gelöst werden.
- Entwicklungspolitisch unbedenkliche Vermarktungswege müssen auch dann gefordert werden, wenn dies für die karitativen Organisationen Einnahmeeinbußen bedeutet.
- Die Informationen über den Verbleib der Altkleider sollten auf den Sammelaufrufzetteln und als Aufdruck auf den Sammelcontainern an die SpenderInnen weitergegeben werden, so daß für diese der Verbleib der von ihnen abgegebenen Altkleider transparent wird.
- Sie sollten neutralen Instanzen Einblick in ihre Geschäftsverbindungen gewähren, damit eine glaubwürdige Kontrolle gewährleistet ist.

6.2 VerbraucherInnen

Gemessen an den verfügbaren Einkommen sind viele Kleidungsstücke in den vergangenen Jahren immer billiger geworden. Dies hat zu dem auch im weltweiten Vergleich außerordentlich hohen Kleidungskonsum in Deutschland geführt. Die ökologischen und sozialen Fragen, die sich hinter diesem Konsum verbergen, müssen von den VerbraucherInnen endlich wahrgenommen werden:

- Beim Einkaufen sollte öfters einmal die Frage gestellt werden, ob das neue Kleidungsstück denn tatsächlich notwendig ist.
- Einkäufe in Second-Hand-Läden schonen die Umwelt, den Geldbeutel und unter Umständen die eigene Gesundheit.
- Die KonsumentInnen sollten auf eine vollständige Auszeichnung der von ihnen gekauften Kleidungsstücke wert legen.
- Der gezielte Kauf von sortenreinen, nur aus einer Fasersorte hergestellten Kleidungsstücken löst viele Entsorgungsprobleme, da diese recycelt werden können.
- Zudem können die KonsumentInnen zunehmend auch Kleidungsstücke erwerben, die teilweise aus Recyclingmaterialien hergestellt wurden.
- Bieten die Herstellerfirmen oder Händler eine Rücknahme der Kleidungsstücke nach Gebrauch an und garantieren das anschließende Recycling, sollten die VerbraucherInnen diese Angebote nutzen.

6.3 AltkleiderspenderInnen

In Deutschland werden jährlich mehrere Milliarden DM gespendet. Viele SpenderInnen erkundigen sich inzwischen nach der Vertrauenswürdigkeit der Organisationen, denen sie Ihr Geld geben. Sie lesen deren Rechenschaftsberichte oder achten darauf, ob die Organisation das Siegel des »Spenden-TÜVs" DZI bekommen hat. Ähnlich verantwortungsbewußt sollten sie auch mit ihren Altkleiderspenden umgehen:

- In jedem Falle unbedenklich ist die Weitergabe der Altkleider über private Kanäle. Dies wird bei Baby- und Kinderkleidung, die oft an Bekannte, Verwandte und Freunde weitergegeben wird, bereits heute praktiziert. Ähnliches ließe sich in Form von Tauschbörsen und Basaren mit Erwachsenenkleidung verstärkt organisieren. Auch der Verkauf an Second-Hand-Läden ist unbedenklich. Die eingenommenen Gelder können dann direkt an verläßliche Organisationen gespendet werden.

- Diejenigen, die ihre Altkleider bewußt als Spende abgeben wollen, sollten nach der Weiterverwendung fragen. (Wie hoch ist der Anteil, der an tatsächlich Bedürftige geht? Wieviele der Altkleider werden direkt weiterverkauft an kommerzielle Händler? Wohin verkaufen/exportieren diese die Ware? Wird dadurch der Wirtschaft in Entwicklungsländern geschadet?) Jede Nachfrage nach dem Verbleib der Ware ist ein erster Schritt, da die karitativen Organisationen durch das kritische öffentliche Bewußtsein zu einer Kontrolle ihrer Vermarktungspraxis gezwungen werden.
- Vorrangig sollten die Altkleider den Organisationen gegeben werden, die schon heute Rechenschaft über den Verbleib der Ware ablegen und auf den Export verzichten. Dies wird unter Umständen bedeuten, nicht die nächste bequeme Straßensammlung zu bedienen, sondern etwas weiter zu gehen in eine Kleiderkammer beziehungsweise ein Arbeitslosenprojekt oder auf eine Sammlung zu warten, bei der die sammelnde Organisation Rechenschaft über den Verbleib der Spende ablegt.
- Gibt es demnächst Organisationen, die über eine Art Siegel die Vermarktung der Ware ohne entwicklungspolitisch schädliche Exporte garantieren, sollten diese Organisationen die Altkleider erhalten.

6.4 Industrie und Handel

Die Hersteller und Vertreiber der Kleidung sind mitverantwortlich bei der Beantwortung der Frage, wie der Export der deutschen Altkleider eingeschränkt werden kann:

- Die Produkte müssen so hergestellt werden, daß ein Recycling der Altkleider möglich ist.
- Die Auszeichnungsetiketten der Kleidung sollten endlich alle Inhaltsstoffe aufführen, und sie müssen so gestaltet werden, daß sie leicht zu lesen sind und somit die Sortierung der Altkleider einfacher und billiger möglich ist.
- Es müssen Sammelsysteme unterstützt oder aufgebaut werden, die die Sammlung und das anschließende Recycling der Kleidung garantieren.

6.5 BundespolitikerInnen

1. Produktionsauflagen

Die Bundesbehörden sollten sobald wie möglich konkrete Vorgaben für Industrie, Handel und VerbraucherInnen beschließen:

- Die deutsche Industrie muß auf die Produktion von recycelbarer Bekleidung verpflichtet werden.
- Der Handel sollte notfalls über Abgaben dazu bewegt werden, nur noch recycelbare Produkte zu verkaufen.
- Die VerbraucherInnen müssen durch überwachte Auszeichnung der Bekleidung Kriterien an die Hand bekommen, was sie am besten konsumieren.

2. Sammelgesetze

Ein Teil des Wildwuchses auf dem Altkleidermarkt könnte eingedämmt werden, wenn es endlich konkrete Vorschriften gibt, wer unter welchen Umständen wie und wo Altkleider sammeln darf und wo die Altkleider letztendlich landen sollten. Ein neues Gesetze sollte bundesweit einheitliche Regelungen vorschreiben:

- Die Aufrufe müssen so gestaltet werden, daß karitative und kommerzielle Unternehmen klar zu unterscheiden sind.
- Der Gesetzgeber sollte festlegen, daß Altkleidersammlungen nur dann als karitativ bezeichnet werden dürfen, wenn ein Mindestanteil des Sammelerlöses tatsächlich einem karitativen Zweck zugute kommen. Als unterster Richtwert sollte dabei die Regelung des Bundeslandes Nordrhein-Westfalen gelten, wo mindestens 50 Prozent der Erlöse dem karitativen Zweck zugute kommen müssen.
- Auf allen Sammelaufrufen beziehungsweise den Containern muß angegeben werden, was mit den Altkleidern geschieht. Konkret: Wie hoch ist der Anteil, der an Bedürftige, ins Recycling und in den kommerziellen Export geht?
- Diese Angaben müssen durch die die Sammelerlaubnis erteilenden Behörden regelmäßig überprüft werden.

3. Altkleiderverwertung

Nach einer Reihe von Skandalen gibt es inzwischen konkrete Vorgaben darüber, wieviel Verpackungsmüll noch unter welchen Umständen exportiert werden darf. Ähnliche Regelungen sollten auch im Bereich Altkleider erlassen werden:

- Die Behörden müssen die Sammler und Verwerter der Altkleider verpflichten, über den Verbleib der Ware genauestens und kontrollierbar Buch zu führen.
- Die Gesetze der EU im Bereich Abfallexporte müssen endlich in deutsches Recht umgesetzt werden. Wie dort vorgeschrieben sollte der Export der Textilabfälle und Altkleider nur dann genehmigt werden, wenn eine überprüfbare Anlage das Recycling des auch bei Altkleiderexport anfallenden Restmülls so durchführen kann, daß die EU-Normen erfüllt werden.
- Zudem müßte diskutiert werden, ob der Export wieder tragbarer Altkleider und Schuhe, die aus ökologisch sehr bedenklichen Grundstoffen (Mikrofasern, lackiertes Leder etc.) bestehen, nicht grundsätzlich verboten wird.
- Bei der eventuellen Genehmigung von weiteren Exporten in die Zweidrittelwelt müßte der Gesetzgeber immer die entwicklungspolitischen Auswirkungen seiner Beschlüsse berücksichtigen.

6.6 Landes- und KommunalpolitikerInnen

Wird auf Bundesebene nicht bald gehandelt, sind auch die Landesbehörden und insbesondere die Kommunen, die oftmals für die Erteilung der Sammelgenehmigungen zuständig sind, gefordert, konkrete Schritte zu unternehmen:

- Sie müssen im Interesse der AltkleiderspenderInnen auf eine vereinheitlichte bundesweite Regelung der Altkleidersammelgesetze drängen.
- Länder und Kommunen dürfen nicht dazu übergehen, Sammelgenehmigungen an den meistbietenden Unternehmer zu vergeben, ohne auf die eventuellen entwicklungspolitischen »Nebenwirkungen« der Sammlungen Rücksicht zu nehmen. Zusätzliche Einnahmen auf Kosten der Zweidrittelwelt können keine Lösung für die finanzpolitischen Probleme einer Industrienation, eines Landes oder einer Kommune sein.

- Das Geschäftsgebaren der Organisationen, die die Sammlungen in den Kommunen durchführen beziehungsweise auf kommunalem Gelände Container aufstellen dürfen, müssen regelmäßig überprüft werden.
- Alternative Vermarktungswege der Altkleider können aktiv unterstützt werden, indem etwa für Second-Hand-Läden und vertrauenswürdige Sammelorganisationen, die nicht an den entwicklungspolitisch schädlichen Exporten beteiligt sind, in den kommunalen Mitteilungsblättern geworben wird.

Foto: Friedel Hütz-Adams

7. Der Markt für alte Schuhe

Bei den Recherchen über den Altkleiderhandel tauchte immer wieder die Frage auf: Wie verhält es sich eigentlich mit den alten Schuhen? Genaue Daten liegen auch hier nicht vor. Schätzungen gehen davon aus, daß die Deutschen im Schnitt jährlich 5 Paar Schuhe kaufen. Hochgerechnet auf 80 Millionen EinwohnerInnen sind dies circa 400 Millionen Paar Schuhe, deren Gewicht mehrere hunderttausend Tonnen beträgt. Die abgetragenen Schuhe werden zunehmend gesammelt, da auch hier lukrative Geschäfte winken. Eine Tonne gesammelter Altschuhe kann je nach Qualität 1.000 bis 1.500 DM wert sein.

Der Anteil der Ware, der in afrikanische Staaten weiterexportiert wird, scheint noch höher zu sein als bei Altkleidern. Eine der größten deutschen Sammelfirmen etwa gibt in einer Werbebroschüre an, 50 Prozent der gesammelten Schuhe seien wieder tragbar. Von diesen gingen 70 Prozent nach Afrika, 10 Prozent in Arabische Länder, 15 Prozent nach Pakistan und Afghanistan und 5 Prozent an Hilfsorganisationen.

Es gibt viele Hinweise, daß die Schuhexporte ähnliche Probleme nach sich ziehen wie der Altkleiderhandel. Das Handelsministerium Benins schrieb beispielsweise, durch die Importe sei die einheimische Schuhindustrie »in ihrer Existenz bedroht.« *(Ministère du Commerce et du Tourisme 1995.)* In Tansania sank bei steigenden Altschuhimporten in der einheimischen Industrie die Produktionsmenge von 1985 nach 1.323.000 Paar Schuhen auf 168.000 Paar im Jahre 1992. Die noch verbliebenen Firmen sind inzwischen hoch verschuldet und stehen vor dem Bankrott *(Konrad-Adenauer-Foundation 1994, 73).*

In Ghana ist die industrielle Fertigung von Schuhen weitestgehend zusammengebrochen, nachdem Billigimporte aus Asien und gebrauchte Schuhe aus den Industrienationen den Markt überrollten. Nur Sohlen, die für die Reparatur der Gebrauchtschuhe verwendet werden, stellen einige Firmen noch in größerem Umfang her. Die Billigimporte aus Asien sind meist von minderwertiger Qualität und haben daher einen sehr schlechten Ruf. Die Altschuhe dagegen sind teilweise nach der Reparatur – neue Sohlen sowie bei Bedarf eine Verstärkung der Nähte – relativ hochwertig. Da sie jedoch inzwischen nach

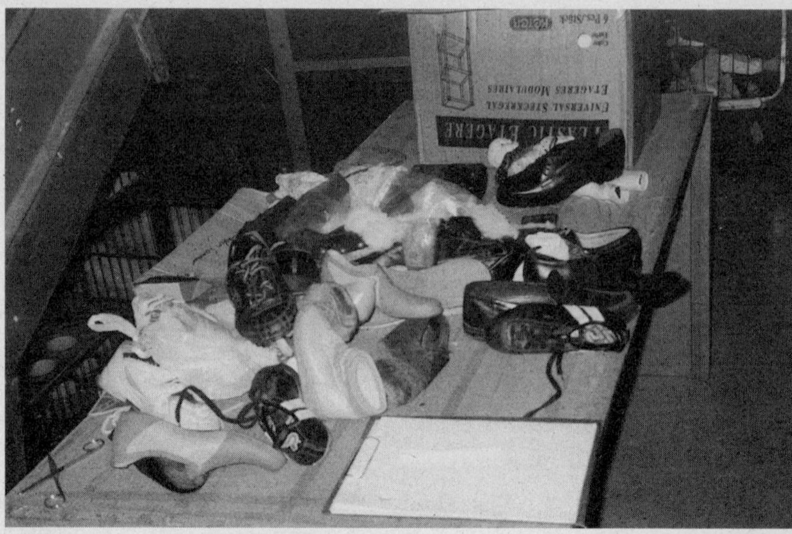
Foto: Friedel Hütz-Adams

dem Bankrott der meisten einheimischen Hersteller eine quasi monopolistische Stellung auf dem Markt haben, sind sie teilweise auch sehr teuer. Gut erhaltene Schuhe sind beispielsweise auf dem Markt von Accra erst ab 25 US-Dollar das Paar zu haben. Die wirklich Armen der Stadt sind auf die Altschuhe angewiesen, die nur wenige DM das Paar kosten. Diese Schuhe sind allerdings meist nur noch Schrott, dessen Reparatur sich nicht mehr lohnte: Gebrochene Sohlen und geplatzte Nähte, schiefgelaufene Fußbetten etc. *(medusa-film 1995).*

Da eine ausführliche Darstellung den Raum dieser Studie sprengen würden, werden im folgenden nur einigen Thesen zu diesem Bereich angeführt:

- Die gesammelten wieder tragbaren Altschuhe gehen zum größten Teil in den Export, da es in Deutschland nur einen äußerst kleinen Markt für Second-Hand-Schuhe gibt.
- Aussagen, mit gebrauchten Schuhe würde per se armen Menschen in der Zweidrittelwelt geholfen, sind ebenso falsch wie ähnliche Angaben über Altkleider: Das klingt erneut so, als bekämen arme Menschen die Schuhe (fast) umsonst. In Wirklichkeit haben wir es mit einem Markt zu tun. Es bekommt die Schuhe, wer am meisten zahlt. Dadurch werden potentiell nicht die Ärmsten der Armen beliefert, denen deutsche SpenderInnen die Alt-

schuhe zudachten, sondern die Menschen, die über das meiste Geld verfügen – und die vorher bei einheimischen Produzenten kauften und dort Arbeitsplätze sicherten.

- Eine Reihe von JournalistInnen hat in mehreren afrikanischen Staaten neben den Altkleiderbergen auch große Mengen Altschuhe beobachtet. Dabei gab und gibt es in vielen afrikanischen Staaten eine funktionierende Schuhherstellung. Zu dieser sind Schuhe aus Deutschland sicherlich eine verheerende Konkurrenz. Die vorliegenden Beschäftigtentabellen einiger afrikanischer Länder weisen neben den ArbeiterInnen in der Textil- und Bekleidungsindustrie auch Zahlen zu den Beschäftigten in der Leder- und Schuhindustrie aus. Beide Tabellen sind stark rückläufig.

- Die Aussage, es entständen durch die Instandsetzungsarbeiten neue Arbeitsplätze in diesen Ländern, dürfte bei den Schuhen genauso irreführend sein wie bei den Altkleidern: Erstens werden Arbeitsplätze in der Produktion vernichtet. Zweitens sind Reparaturarbeiten weder so gewinnbringend noch so befriedigend wie eine eigene Produktion, zumal auf Dauer eigenes Produktionswissen verloren geht und so neue Abhängigkeiten entstehen. Und drittens fließen für den Import der Gebrauchtschuhe Devisen ab für ein Produkt, das sich ohne weiteres im Lande selbst herstellen läßt, wodurch wiederum die Devisen für den Erwerb neuer Maschinen zur Verbesserung und Aufrechterhaltung der eigenen Poduktion fehlen.

- Fraglich ist, ob viele unserer Schuhe überhaupt für den Export in Länder mit heißem Klima geeignet sind – von den hygienischen Problemen des Exportes der in den Schuhen lebenden Pilze etc. ganz zu schweigen.

- Schon bei Kindern werden in Europa aufgrund von Modetrends die Füße durch die Schuhe verformt, da diese schmal zulaufen. Menschen, die zum ersten Mal im Leben mit solchen Schuhen konfrontiert werden, dürften beim Tragen dieser Modelle ernsthafte Probleme bekommen. Weshalb sollten solche Schuhe dann noch exportiert werden?

- Weitere gesundheitliche Probleme können dadurch entstehen, daß oft nicht nur die Sohlen, sondern auch die Fußbetten durch Gebrauch so verformt wurden, daß sie zum Fuß des Erstbesitzers passen. Dies können auch neue Sohlen nicht ausgleichen. Der Käufer der gebrauchten Schuhe läuft dann auf einem schiefen Fußbett umher und schädigt damit auf Dauer seine Füße.

- Schuhe sind ein äußerst problematisches Abfallprodukt. In Deutschland ist die Ledergerbung nahezu zum Erliegen gekommen, da bei den Gerbeprozessen große Mengen giftiger Stoffe eingesetzt werden, deren Entsorgung in Deutschland zu teuer geworden ist. Die Gerbung wurde hauptsächlich in Entwicklungsländer verlagert. Die Poren des Leders werden teilweise mit schwermetallhaltigen Chemikalien geöffnet. Die Chemikalien werden dann inklusive Chrom, Quecksilber etc. in die Poren eingelagert und bleiben dort. Bei der Schuhherstellung wird dann das Leder oftmals mit chemisch hergestellten Komponenten kombiniert. Zudem sind die aufgetragenen Lacke vom ökologischen Standpunkt aus gesehen oft sehr problematisch. Diesen Cocktail wirklich zu recyceln ist schwierig, wenn nicht unmöglich. Auch die Entsorgung ist sehr teuer.

Aufgrund der Zusammensetzung der alten Schuhe drängt sich der Verdacht auf, daß es sich hier um ein noch problematischeres Gut handelt als bei Altkleidern. Es werden teilweise Produkte verschifft, deren Entsorgung beziehungsweise Endlagerung auf gesicherten Mülldeponien geschehen müßte.

Auch hier müssen die Lösungen für unser Abfallproblem in Deutschland geschaffen werden, nicht durch den angeblich humanitären Export, der oftmals für die deutsche Volkswirtschaft nichts anderes bedeutet als die zudem noch lukrative Externalisierung der Entsorgungskosten.

8. Anhang

8.1 Literaturangaben / Briefverweise / Gesprächsnotizen

Abkürzungen von zitierten Zeitungen und Periodika:

bfai: Bundesstelle für Außenhandelsinformation

FR: Frankfurter Rundschau

NfA: Nachrichten für Außenhandel

RR: Rohstoff-Rundschau

TW: Textil-Wirtschaft

A

Abrahamson, Hans 1988: The Naked Truth, The Swedish Private Organizations' Clothes Support for Mozambique and its Impact on Local Production

Achtnicht 1994: Autor des Films »Es geht eine Hose auf Reisen«, gesendet vom SDR am 7.10.1994

Amtsblatt 1993: Amtsblatt der Europäischen Gemeinschaften, Nr. L 30/1, 6.2.1993: VERORDNUNG (EWG) Nr. 259/93 DES RATES vom 1. Februar 1993 zur Überwachung und Kontrolle der Verbringung von Abfällen in der, in die und aus der Europäischen Gemeinschaft

Amtsblatt 1994: Amtsblatt der Europäischen Gemeinschaften, Nr. L 5/15, 7.1.1994: ENTSCHEIDUNG DER KOMMISSION vom 20. Dezember 1993 über ein Abfallverzeichnis gemäß Artikel 1 Buchstabe a) der Richtlinie 75/442/EWG des Rates über Abfälle

Amtsgericht Bad Oldesloe 1994: Auszüge aus dem Handelsregister über die SOEX-GmbH

Ansell, Gwen 1994: Boom at 'boutiques bend-over', in: Weekly Mail vom 20–26.5.1994

Ausschuß für wirtschaftliche Zusammenarbeit 1994: Protokoll der Sitzung vom 13.4.1994

Arbeitskreis Naturtextil e.V. (Hg) 1993: Ökologie und Bekleidung

Bachmann, Klaus: Vermeiden ist nur ein Wort, in: Greenpeace – Magazin für Umwelt und Politik, Juli–September 1995, S. 34 und 43

Becker, Walther 1995: Plastik-Müll – Für Großkonzerne plötzlich ein obskures Objekt der Begierde, in: FR vom 7.1.1995

Bertaux, Pierre 1966: Afrika – Von der Vorgeschichte bis zur Gegenwart, Fischer Weltgeschichte Band 32

bfai (Hg) 1994: Bekleidung und Textilien – Ausgewählte Märkte

bfai (Hg) 1991: Kenia 1991: Textilien – Geschäftschancen 1991

bfai (Hg) 1994: Kenia zur Jahrsmitte 1994

bfai (Hg) 1992: Nigeria: Textilien und Textilmaschinen

bfai (Hg) 1992: Sambia am Jahreswechsel 1991/92

bfai (Hg) 1994: Sambia am Jahreswechsel 1993/94

bfai (Hg) 1994: Simbabwe zur Jahresmitte 1994

bfai (Hg) 1990: Tansania am Jahreswechsel 1989/90

bfai (Hg) 1991: Tansania am Jahreswechsel 1990/91

bfai (Hg) 1992: Tansania am Jahreswechsel 1991/92

bfai (Hg) 1995: Tansania am Jahreswechsel 1994/95

Binger, Doris 1995: Das Echo vom Kleiderberg – Mode + Ökologie – Wege einer sinnvollen Verbindung

Blunk, Michaela 1994: Altkleiderexport äusserst problematisch, Fachinfo der F.D.P.-Bundestagsfraktion vom 15.4.1994

Böll, Martin 1994: GATT-Abschluß nützt indischer Textilindustrie, in: NfA 17.1.1994

Böschen/DTB 1995: Die Zukunft der gebrauchten Bekleidung, Vortrag des Vorsitzenden der STM AG Böschen auf einer Tagung des Dialog Textil-Bekleidung am 28.3.1995 in München

Bruchhaus, Eva-Maria 1988: Klamotten für die Welt – Altkleidersammlung und Unterentwicklung, in: beiträge zur feministischen theorie und praxis, 11. Jahrgang Heft 23, S. 113–118

Cavalli-Sforza, Luca / Cavalli-Sforza, Francesco 1995: Verschieden und doch gleich – Ein Genetiker entzieht dem Rassismus die Grundlage

Cognis, Gesellschaft für Bio- und Umwelttechnologie, in: Unterlagen zur Enquete-Kommission: Die Stoffe, aus denen unsere Kleider sind – Stoffströme der Textil- und Bekleidungskette, Hg.: Deutscher Bundestag

Dahlke, Ulrike 1995: Ökologierorientierte Retrodistributionssysteme im Rahmen des Konsumrückständerecyclings in der Bekleidungsindustrie, Diplomarbeit im Fach Allgemeine Betriebswirtschaftslehre an der Universität zu Köln

David, Natacha 1994: Des Guten zuviel, in: Freie Gewerkschaftswelt November 1994

Denconsult (Hg) 1993: Effects of Second-Hand Clothes Sales in Developing Countries

Deutsch, Christian 1994: Abschied vom Wegwerfprinzip – Die Wende zur Langlebigkeit in der industriellen Produktion

Die Woche im Bundestag, 7/94, 20.4.1994: Altkleiderexporte gefährden Textilindustrie 1994

Dieckheuer, Gustav / Hasselmann, Swen 1994: Textilrecycling – Ökologisch-ökonomische Aspekte des Multifaser-Einsatzes, Rohstoff Rundschau 20/1994, S. 710–738

DRK – Deutsches Rotes Kreuz (Hg): Für viele eine Hilfe. Kleidersammlungen, o.O., o. J.

DRK – Deutsches Rotes Kreuz (Hg) 1992: Soziale Arbeit in Kleiderausgabestellen

Eichele/DTB 1995: Das Kreislaufwirtschaftsgesetz aus politischer Sicht, Vortrag des Ministerialrats des Bayerischen Staatsministerium Eichele auf einer Tagung des Dialog Textil-Bekleidung am 28.3.1995 in München

Eisele, Dieter 1992a: Nadel-/Polvliesbeläge (NVB/PVB) für den Automobilbau, Sonderdruck aus textil[?] praxis international – 1992, Heft 8, S. 723–727

Eisele, Dieter 1992b: Recyclate[?] aus Reißbaumwolle und Phenoplast – ein bewährtes System, mel[illegible]nd Sonderdruck 1992

Eisele, Dieter 1993: Recycling von Textilien – Vliesstoffen, Index 93 Congress Session Recycling 4C

Enderle, Klaus 1988: Second-Hand Waren in Ghana – Altkleiderspenden und die »3.Welt«, ASA-Auswertungsbericht 1988

Energy Efficiency Office 1994: A novel use for recycled textile fibres, Dase Study 181

Enquete-Kommission »Schutz des Menschen und der Umwelt« des Deutschen Bundestages (Hg) 1993: »Die Stoffe, aus denen unsere Kleider sind – Stoffströme in der textilen Kette«, Stellungnahmen der Sachverständigen zu dem Fragenkatalog für die öffentliche Anhörung am 16. und 17. März

Enquete-Kommission »Schutz des Menschen und der Umwelt« des Deutschen Bundestages (Hg) 1994: Die Industriegesellschaft gestalten – Perspektiven für einen nachhaltigen Umgang mit Stoff- und Materialströmen

epd – Entwicklungspolitik 1994: »Tausche Maschinenpistolen gegen Nähmaschine« in Mosambik, 19/1994, S. 13

Europäische Gemeinschaft – Europäische Union (Hg) 1992: Europa wird eins – Neufassung der europäischen Vertragstexte

F

Fairwertung 1994: Arbeit Schaffen – Umwelt Schonen

Fischer, Horst 1995: Brief an den Verfasser vom 15.3.1995

Fischer Weltalmanach 1993

Forschungsinstitut Hohenstein (Hg) 1992: Das 1. Hohensteiner Fachsymposium – Ökologie in der textilen Kette

Fuchs, Hilmar 1994a: Grenzbereiche für die stoffliche Verwertung von Textilabfällen, Skript zum Vortrag zur 2. Dresdner Textiltagung am 22./23.06.1994 in Dresden

Fuchs, Hilmar 1994b: Brief an den Verfasser vom 26.9.1994

Fuchs, Hilmar/Böttcher, P. 1994c: Textilrecycling: Strategien und Chancen für die Textilindustrie – Skript zum Vortrag zur 33. Internationalen Chemiefasertagung Dornbirn/A

Fues, Thomas/Welter, Friederike 1995: »Exportförderung« – Über die Beihilfe der Staaten zur Bestechung, in: Kursbuch Juni 1995: Korruption, S. 148–153

G

Gablers Wirtschaftslexikon 1988, 12. Auflage

Garad, Abdurahman 1994 (Äthiopische Botschaft in Bonn): Brief an den Verfasser vom 11.7.1994

George, Susan/Sabelli, Fabrizio 1995: Kredit und Dogma – Ideologie und Macht der Weltbank

Gesamttextil (Hg) 1994: Jahrbuch der Textilindustrie 1994

Gesellschaft für Bio- und Umwelttechnologie 1993, in: Unterlagen zur Enquete-Kommission: Die Stoffe, aus denen unsere Kleider sind – Stoffströme der Textil- und Bekleidungskette, Hg.: Deutscher Bundestag

Graunke, Eugen Martin 1994: Brief an den Verfasser vom 17.5.1994

Greenpeace (Hg) 1994: Monopolisierung der Abfallwirtschaft: Die Energieversorgungsunternehmen und das DSD

Grill, Bartholomäus 1995: Weder Stuhl noch Tisch, in: Die Zeit Nr. 11, 10.3.1994

Gründer, Andrea 1995: Telefonat mit dem Verfasser vom 20.3.1995

gtz 1991: Technical Consulting GmbH, Report für die gtz: Textil und Bekleidung in Tansania – Situationsaufnahmen der Textilindustrie Tansanias – Juni/Juli 1991

H

Haarschmidt, Kurt 1988: Die Kleidersammlung der Bolivienhilfe, in: BDKJ-Zeitung in der Diözese Trier, Ausgabe 3/1988.

Haber, Peter 1992: Textilabfälle in der Schweiz – eine Bestandsaufnahme, BUWAL Mediendienst Um-Welt Schweiz

Haber, Peter 1994: »100 % Baumwolle«: Legaler Etikettenschwindel – Spurensuche im Dickicht der textilen Produktionskette, BUWAL Mediendienst Um-Welt Schweiz 3/94

Hackbarth, Holger 1995: Fax an epd vom 19.9.1994

Hamilton, Carl B. (Hg.) 1989: Textile Trade and the Developing Countries – Eliminating the Multi-Fibre Arrangement in the 1990s, A World Bank Publication

Hampe, K.-D. 1994: Brief an den Verfasser vom 21.12.1994

Hanack, Peter 1995: Plötzlich wollen alle die alten Klamotten, in: FR vom 11.3.1995

Hansohm, Dirk / Kappel, Robert 1993: Schwarz-Weiße Mythen – Afrika und der entwicklungspolitische Diskurs (2. Auflage), Bremer Afrika Studien

Härdtl, Wigart 1994: Radiointerview, gesendet am 16.9.1994 auf WDR 3 in einem Bericht von Gerhard Schröder

Harms, Peter 1994: Brief an das Bundesministerium für Finanzen vom 30.5.1994

Hasselmann, Sven 1994: Recyclingmöglichkeiten und Entsorgungsprobleme von Textilien und Bekleidung, in: SÜDWIND (Hg) 1994: Der Deutschen alte Kleider, S. 117–140

Helmstädter, E. (Hg.) 1981: Recycling in der Textilwirtschaft – Systemstudie zur Wiederverwertung von Textilabfällen, Schriften zur Textilwirtschaft Bd. 26

Hill, Heather 1994: Cold Wind of Change, in: African Business July/August 1994, S. 29

Hopfinger, Hans 1985: Geographische Aspekte des internationalen Handels mit gebrauchter Kleidung, Erdkunde, Band 39/1985, S. 206–217

Hütz, Friedel 1994: Konzeptionslos – Die deutsche Entwicklungspolitik in Afrika, in: afrika süd 5/1994, S. 33–35

Hütz, Friedel 1995: Die Genese der »Rassentheorien« und die deutsche Kolonialpolitik, in: Die Brücke – Forum für antirassistische Politik und Kultur, 3/95 S. 18–21 (Teil 1) und 4/95 S. 75–78 (Teil 2)

I

imug 1994: Einsichten 1994

ITBLAV 1993: Internationale Textil-, Bekleidungs- und Lederarbeiter-Vereinigung: Handelsentwicklung: Handel mit gebrauchter Kleidung, Entschlußvorlage zur Vorstandssitzung in Kapstadt, den 10.–13. November 1993

ITBLAV 1995: Internationale Textil-, Bekleidungs- und Lederarbeiter-Vereinigung: Brief an den Verfasser vom 11.5.1995

J

Jahn/Biege 1994 (damals beschäftigt bei RWE/SOEX): Gespräch mit dem Verfasser vom 5.10.1994

K

Kaiser, Martin/Wagner, Norbert 1991: Entwicklungspolitik, Grundlagen – Probleme – Aufgaben, Hg: Bundeszentrale für politische Bildung

Kemmer, Heinz-Günter 1994: Plastik im Tank, in: Die Zeit Nr. 52, 23.12.1994

Keßler, Helga 1995: Wer bekommt den meisten Müll?, in: Die Zeit, Nr. 3, 13.1.1995

Ki-Zerbo, Joseph 1979: Geschichte Schwarz-Afrikas

Klemp, Ludgera/Reddies, Bernd 1992: Vorwort, in: Friedrich Ebert Stiftung (Hg), Textilarbeiterinnen fordern Gerechtigkeit, S. 5–10

Klümper, Per 1969: Afrika Branchenberichte (1) – Die Baumwoll-, Textil- und Schuhproduktion in Afrika, Hg. Deutsches Institut für Afrikaforschung

Knirsch, J. (Pestizid Aktions-Netzwerk) 1993: Stellungnahme zu Pestizideinsatz bei der Primärproduktion von Naturfasern, in: Unterlagen zur Enquete-Kommission: Die Stoffe, aus denen unsere Kleider sind – Stoffströme der Textil- und Bekleidungskette, Hg: Deutscher Bundestag

Köhler, E. 1994 (Technische Universität Chemnitz-Zwickau, Fakultät Maschinenbau und Verfahrenstechnik): Brief an den Verfasser vom 27.9.1994

Koffi, James 1994: Nafta deal hits African textiles, African Business, January 1994

Kommission der europäischen Gemeinschaften, Generaldirektion Entwicklungshilfe – Direktion Handelsverkehr und Entwicklung (Hg) 1972: Aufbau einer exportorientierten Textilindustrie in den assoziierten Afrikanischen Staaten und Madagaskar – Zusammenfassung

Konrad-Adenauer-Foundation/The Department of Political Science and Public Administration, University of Dar es Salaam 1994 (Hg): Conference on the Road to a Market Based Economy in Tansania (Tagungsbericht)

L

Leckenwalter, R. 1994: Recycling von Bekleidung: Eine Betrachtung zwischen Ökologie und Ökonomie. Vortrag anläßlich des ersten europäischen Fachkongresses »Mode und Umwelt« Econgreß '94 in Amsterdam

Leshilo, Thabo 1992: Imported clothing outrages union, in: The Star, 25.11. 1992

Lersner, Heinrich Freiherr von 1992: Umweltschutzpolitik – Was kommt auf die Textil- und Bekleidungsindustrie zu?, in: Forschungsinstitut Hohenstein (Hg): Das 1. Hohensteiner Fachsymposium – Ökologie in der textilen Kette, S. 15–24

Löwer, Hans 1994: Zu Ihrem Bericht »Lumpen vergolden«, Brief vom 31.1.1994 an: Aufbruch – Evangelische Kirchenzeitung für Baden

Lorentz, Verena 1994: Die dritte Generation – Entwicklungspolitik unter neuem Vorzeichen?, Sendemanuskript der Sendung Samstagabend in WDR 3 vom 4.6.1994

M

Maetschke 1995: Gespräch mit dem Verfasser vom 10.3.1995

Material Reclamation Weekly 1994: No the colour for textiles, Ausgabe vom 5.3.1994

May, Claudia 1994: Untersuchung der Stoffströme von Bekleidungstextilien, Schriftliche Hausarbeit im Rahmen der ersten Staatsprüfung für das Lehramt

Mayer, Günther 1993: Kleiderspenden vernichten Arbeitsplätze, in: Leder Echo, 12/93, S. 2

medusa-film 1995: Gespräch mit Franziska Strobusch und Boris Terpinc von medusa-film am 2.8.1995

Meierkord, H. 1993: Recycling-Möglichkeiten für Polyester, in: Chemiefasern/Textilindustrie, 43./95. Jahrgang, Juni 1993, S. 524–526

Michler, Walter 1991: Weißbuch Afrika

Mieck, K.-P. / Lützkendorf, R. / Langner, H., TiTK – Thüringisches Institut für Textil- und Kunststoff-Forschung e. V. 1994: Chemiefaserhaltige Mischtextilien – Erkundung neuer Wege des Recycling, in: Technische Textilien, 37. Jahrgang, Juli/August 1994

Ministère du Commerce et du Tourisme Benin 1995: Brief an den Verfasser vom 14.2.1995

Missionswerk der Evangelisch-Lutherischen Kirche in Bayern (Hg) 1991: Sachspenden – Leitgedanken, Denkanstöße und Hinweise zum Thema

Möllers, Hein 1993: Gespräch vom 8.10.1993

Mudzingwa, Zerubabel 1995: Zimbabwe: Bleak Future for Textile Industry, in: SAPEM May 1995, 27–28

Mwero, Emmanuel 1993: Textile competition hots up, in: African Business, März 1993, S. 21

Mytelka, Lynn K. 1985: Stimulating Effective Technology Transfer: The Case of Textiles in Africa, in: Nathan Rosenberg / Claudio Frischtak (Hg): International Technology Transfer: Concepts, Measures and Comparisons, S. 77–125

N

Nehru, Jawaharlal 1959: Endeckung Indiens

O

Öko-Test-Sonderheft (Nr. 15 1994/95) 1994: Naturmode und Kosmetik

OLG Hamm 1995: Oberlandesgericht Hamm, Urteil vom 2.2.1995 Nr. 21 U 113/94

Orth, Tina 1995: Telefonat mit dem Verfasser vom 15.3.1994

Protrade 1994 (Hg.): Der Weg zum erfolgreichen Handel

Pult, Antje 1994: Brief an den Verfasser vom 9.12.1994

Raos, Bernhard 1994: Bei den Altkleidersammlern fliegen die Fetzen – Hilfswerke liefern sich auf dem Altkleidermarkt einen ruinösen Konkurrenzkampf, in: Cash Nr. 11 18.3.1994

Reinert, Hanno 1993a: Brief an SÜDWIND vom 11.11.1993

Reinert, Hanno 1993b: Die Problematik der Altkleiderexporte in Länder der Zweidrittelwelt

Reinert, Hanno 1993c: Zukunftsperspektiven des Textil-Recycling in Europa

RR (Rohstoff-Rundschau) 16/1994: Alttextilien – ein akademisches Forschungsobjekt, S. 574–578

RR (Rohstoff-Rundschau) 1/1985: B.I.R, Herbsttagung im Zeichen einer steigenden Konjunktur und einer verbesserten Preissituation, S. 1–4

RR (Rohstoff-Rundschau) 20/1986: Fachverband Textilrohstoffe – Ende der Talfahrt noch nicht abzusehen, S. 648–652

RR (Rohstoff-Rundschau) 10/1983: Ist Einsammeln von Textilabfällen wirtschaftlich, S. 258–259

RR (Rohstoff-Rundschau) 12/1991: Textilrecycling – Unverzichtbar, machbar, bezahlbar, S. 396–398

RR (Rohstoff-Rundschau) 10/1994: Turbulenzen im internationalen Warenverkehr, S. 337–342

RR (Rohstoff-Rundschau) 13/1994: Wenig preisliche Bewegung auf dem Altkleidermarkt, S. 459–460

Rosenkranz, Bernhard / Catelló, Edda 1993: Textilien im Umwelttest

RWE Entsorgung 1994: Geschäftsbericht 1993/94

Sattler, Silke 1994: Möglichkeiten und Grenzen des Recycling von Bekleidungsstücken in der deutschen Textilindustrie, Diplomarbeit an der Fachhochschule Münster, Fachbereich Wirtschaft

Schepke 1995: Gedanken zum Thema »Un«-Fairwertung (Schriftliche Stellungnahme, verteilt am 20.5.1995 auf einer Veranstaltung der Kolping-Verbände in Münster)

Schmeling-Brinkmann, Ursula 1992: Ein Vabanquespiel – Die Textilindustrie in Afrika südlich der Sahara, in: Friedrich Ebert Stiftung (Hg): Textilarbeiterinnen fordern Gerechtigkeit, S. 57–61

Schneider Zimmermann, Sonja 1992: Handel und humanitäre Hilfe mit alten Kleidern, in: abfall spektrum 5/92, S. 14–16

Schöffmann, Dieter 1993: Fund Raising für Initiativen – Stiftung Mitarbeit: Arbeitshilfen für Selbsthilfe- und Bürgerinitiativen Nr. 7

Schulz, Paul Alexander 1994: Heimat oder Asyl – Ein Beitrag zur Entwicklungspolitik (Veröffentlicht unter dem Namen Alexander, Paul)

Schulz, Paul Alexander 1994b: Zusammenfassung der Argumente gegen die Altkleiderexporte in arme Länder und damit finanzierte kirchliche Hilfsprojekte, Brief an den Verfasser vom 23.11.1994

Schwarz, Uwe 1994: Äußerungen in einem Radiointerview in der WDR 2 Sendung »Daheim und unterwegs« vom 19.4.1994

Schwarz, Uwe 1993: Brief an SÜDWIND vom 14.10.1993

Seeger 1995: Brief an den Bundestagsabgeordneten Wolfgang Schmitt vom 22.3.1995

Seibert, Max-Jürgen 1994: Der Abfallbegriff im neuen Kreislaufwirtschafts- und Abfallgesetz im neugefaßten § 5 Abs. 1 Nr. 3 BImSchG, in: Umwelt und Planungsrecht – Zeitschrift für Wissenschaft und Praxis, November/Dezember 1994, S. 415–420

Sekundär-Rohstoffe 6/95: Aufklärungsbedarf, S. 220–221

Sigloch 1994: Äußerungen in einem Interview in dem Film »Es geht eine Hose auf Reisen«, gesendet vom SDR am 7.10.1994

Sommer, Theo 1995: »Es gibt Hoffnung«, in: Die ZEIT Nr.8, 17.2.1995, S. 3

Statistisches Bundesamt (Hg) 1978–1992: Außenhandel, Fachserie 7, Reihe 8, Außenhandel nach dem Internationalen Warenverzeichnis für den Außenhandel (SITC-REV.3) und Ländern (Spezialhandel), Jahrgänge 1978–1992

Statistisches Bundesamt (Hg) 1993: Außenhandel, Fachserie 7, Reihe 2, Außenhandel nach Waren und Ländern (Spezialhandel), Jahrgang 1993

Statistisches Bundesamt (Hg) 1994: Länderbericht Kenia 1994

Statistisches Bundesamt (Hg) 1994: Länderbericht Mauritius 1994

Statistisches Bundesamt (Hg) 1990: Länderbericht Simbabwe 1990

Statistisches Bundesamt (Hg) 1994: Länderbericht Tansania 1994

STM 1994a: Entwurf einer Presseerklärung

STM 1994b: Sekundär-Textil-Marketing Aktiengesellschaft, Einladung zur Vorstellung der STM AG am 22.11.1994

STM 1995: Sekundär-Textil-Marketing AG, Informationsmappe zur Pressekonferenz in Bonn am 17.1.1995

Stiftung Entwicklungs-Zusammenarbeit Baden Württemberg (Hg.) 1994: Sammeln für die »Dritte Welt«? – Orientierungshilfe für Kleider- und medizinische Sachspenden

Stürmlinger, Daniela 1994: Secondhand, das Geschäft mit alten Kleidern, in: Hamburger Abendblatt, 10./11.9.1994

Südafrikanische Botschaft in Bonn 1994: Brief an den Verfasser vom 30.6. 1994

(Südafrikanisches) Department of Trade and Industry 1992: Brief an die Evangelical Lutheran Church vom 11.12.1992

SÜDWIND (Hg) 1994: Der Deutschen alte Kleider – Schaden Kleider-Spenden der Zweidrittel-Welt?, texte 3

Taube, Günther 1992: Wirtschaftliche Stabilisierung und Strukturanpassung in Tansania – Die Auswirkungen des Economic Recovery Programme 1986–1989 im ländlichen Bereich. Fallstudie West-Usambara-Berge, Distrikt Lushoto, Hg.: Institut für Afrikakunde

Technische Universität Dresden (Hg) 1994: 2. Dresdner Textiltagung '94 22. und 23. Juni 1994 – Programm & Kurzreferate

Tetzlaff, Rainer 1992: Strukturanpassung – das kontroverse entwicklungspolitische Paradigma in den Nord-Süd-Beziehungen, in: Dieter Nohlen / Franz Nuscheler (Hg): Handbuch der Dritten Welt, Bd 1 S. 420–445

The World Resource Foundation (Hg) 1994: Warmer Informationsschrift: Textilverwertung

TiTK 1994 – Thüringisches Institut für Textil- und Kunststoff-Forschung e.V., Informationsfaltblatt

Unione Industriale Pratese 1994: Die deutsche Normenregelung im Hinblick auf die in Bedarfsgegenständen verwendeten Farbstoffe

United Nations (Hg) 1994: International Trade Statistics Yearbook 1992

W

Walter, Bernhard 1994: Die Auswirkungen der EU-Agrarexportsubventionen auf die Landwirtschaft der Entwicklungsländer am Beispiel der Getreideexporte nach Afrika, epd-Entwicklungspolitik Materialien I/94

Warren Spring Laboratory 1992: An Review of: The environmental impact of Recycling

Weltbank (Hg): Weltentwicklungsbericht 1981

Weiland, Heribert 1995: Der schwierige Weg zur Demokratie in Afrika: Voraussetzungen, Chancen und Rückschläge, in: Koch, Walter A.S. (Hg): Ökonomische Aspekte der Demokratisierung in Afrika, ifo institut für wirtschaftsforschung münchen – afrika studien 123, S. 15–40

Weinmann, Christoph D. 1993: Textilien in Mosambik: Industrialisierung »von unten«

Werbeloff, Arnold 1987: Textiles in Afica – A Trade and Investment Guide

Wold, Derese T. 1993: 50 Per Cent Production Decline, in: Ethiopien Herald vom 28.4.1993

Wolff/DTB 1995: Bericht über Entsorgungskonzepte und deren Möglichkeiten in der Praxis aus Sicht eines Recyclers, Vortrag auf einer Tagung des Dialog Textil-Bekleidung am 28.3.1995 in München

World Bank (Hg) 1994: Adjustment in Africa – Reforms, Results, and the Road Ahead

World Bank (Hg) 1994 Africa Can Compete! – Export Opportunities and Challenges for Garments and Home Products in the U.S. Market

World Bank (Hg) 1995: African Development Indicators 1994–95

Z

Zank, Wolfgang 1993: Mangel durch Überschuß, in: Die Zeit Nr. 49, 3.12.1993

Zimbabwe Clothing Council 1994: Fax an den Verfasser vom 10.8.1994

8.2 Medienhinweise

Bücher zum Weiterlesen

Die **ökologischen Auswirkungen der Produktion von Bekleidung** konnten in der vorliegenden Studie nur am Rande behandelt werden. Dazu liegen mehrere Bücher vor, die sich mit den verschiedenen textilen Fasern, den chemischen Veredelungsstoffen, den »Öko-Kollektionen« und teilweise auch mit der Pflege der Kleider beschäftigen. Genannt seien vier Beispiele:

- Die VERBRAUCHER INITIATIVE 1994: Traude Strütt-Bringmann (Hg): Der Stoff aus dem die Kleider sind (Zu beziehen bei: Die VERBRAUCHER INITIATIVE e.V., Breite Str. 51, 53111 Bonn, Tel 02 28 / 7 26 33 93)
- Rosenkranz, Bernhard / Catelló, Edda 1993: Textilien im Umwelttest, rororo Sachbuch
- Öko-Test-Sonderheft (Nr. 15 1994/95) 1994, Naturmode und Kosmetik
- Doris Binger 1994: Das Echo vom Kleiderberg – Mode + Ökologie / Wege einer sinnvollen Verbindung, Deutscher Fachverlag

Die Frage nach den **sozialen Folgen der Produktion von Kleidung** dringt erst langsam in die Diskussion um eine »saubere« Herstellung ein. Im Rahmen einer dazu in vier europäischen Ländern stattfindenden Kampagne unter dem Namen »Clean Clothes Campaign« (CCC) erschien eine Broschüre mit dem Titel:

- »Kleidung in Bewegung – Die Frauenarbeit hinter der Marke«.

Die Broschüre sowie auch weitere Informationen zur Kampagne sind im SÜDWIND-Büro bei Ingeborg Wick zu bekommen.

Im Herbst 1995 wird ein weiteres Buch zum Altkleiderhandel in der Süd–Nord Reihe des Lamuv-Verlages mit dem Titel

- »Zum Beispiel Altkleider«

erscheinen, das eine **Einführung in das Thema** bietet. Wiedergegeben wurden kurze Texte, Interviews und Beschreibungen.

Film

medusa-film:

oburoni wawu
Die Kleider der Toten Weißen

Ein Film von Franziska Strobusch und Boris Terpinc

Wer braucht die Altkleider(sammlungen)? Sind es wirklich die »Bedürftigen in den Ländern der Dritten Welt«, wie die Sammelaufrufe es uns suggerieren?

Der Film verfolgt den Weg der Altkleider von der Haussammlung in Europa bis zu den Märkten in Afrika. Er zeigt, wie das Geschäft funktioniert. Am Beispiel Ghanas wird der Konflikt zur heimischen Textilindustrie deutlich. Die billigen Altkleider verdrängen die ghanaische Neuware vom Markt, die Betriebe gehen Pleite, tausende Arbeiter verlieren ihren Job. Es ist absehbar, daß sich bald ganz Afrika mit den abgelegten Klamotten aus Europa und Amerika einkleidet. Welches Selbstbild werden dann diese Völker haben, die nur noch in Lumpen rumlaufen?

Dokumentarfilm, 55 Min., 1995

Verleih: EZEF (Evangelisches Zentrum für entwicklungsbezogene Filmarbeit), Tel: 07 11 / 9 25 77 50, sowie über alle Landesfilmdienste und Bildstellen.